华为基因

任正非的商业哲学与华为精神

冷湖◎编著

中国出版集团
现代出版社

图书在版编目（CIP）数据

华为基因：任正非的商业哲学与华为精神 / 冷湖编
著．-- 北京：现代出版社，2019.8
　　ISBN　978-7-5143-7942-6

　Ⅰ.①华…　Ⅱ.①冷…　Ⅲ.①通信企业—企业管理—
经验—深圳　Ⅳ.① F632.765.3

　　中国版本图书馆 CIP 数据核字 (2019) 第 132118 号

华为基因：任正非的商业哲学与华为精神

编　　著：冷　湖
责任编辑：王传丽　阎　欣
出版发行：现代出版社
通信地址：北京市安定门外安华里 504 号
邮政编码：100011
电　　话：010-64267325　64245264（传真）
网　　址：www.1980xd.com
电子邮箱：xiandai@vip.sina.com
印　　刷：三河市宏盛印务有限公司
开　　本：710mm×1000mm　1/16
印　　张：16
字　　数：204 千字
版　　次：2019 年 8 月第 1 版　　印　　次：2019 年 10 月第 2 次印刷
书　　号：978-7-5143-7942-6
定　　价：48.00 元

序　言

　　5G 时代来临，华为站在全世界的聚光灯下，这是中国企业的骄傲，也是华为的商业哲学和奋斗者精神的成功实践。那么，华为引领的 5G 意味着什么呢？

　　5G 时代，并不只是 "4+1" G 的简单数学叠加，它将改变人类的工作状态和生活面貌：在私人应用领域，网络速度可以飙升到 15Gbps；在新技术领域，VR 将破除瓶颈上限；在智慧城市领域，物联网的联通触角更广泛；在无人驾驶领域，大数据的采集将大幅度提前……5G 技术纵贯人们的出行、生活以及交通等多方面，可以预见到，人类社会的基因会因此发生新的演变，而能推动时代发生巨变的华为，必定也拥有特殊的基因。

　　在行业技术方面，华为具有大视角和超前意识，从 2009 年就朝着 5G 方向研发，历经 10 年的厉兵秣马，终于让 Balong 5G01（第一款3GPP 标准的 5G 商用芯片）成为惊艳世界的智慧结晶，尽管全球 5G 网络仍然处于试用阶段，然而华为在 5G 核心技术领域的王者地位已经无可争议。

　　在人才管理方面，华为破除了传统守旧的观念，除了招纳常规人才之外更注重吸纳 AI 高端人才，任正非也提出了一个全新的人才观——"包括失败的算法人才都可以把他们吸引来。"在华为看来，失败的人才未必是能力问题，可能是平台问题，而这些"失败者"恰恰可能改变华为的未来。正因为重新定义了人才，才造就了华为的特殊性和先进性。

在市场营销方面，华为经过多年的摸爬滚打逐渐形成了降价促销、赠品促销、与运营商联合促销三大手段，建立了线上线下相结合的双线营销模式，近几年特别注重海外市场的宣传，目前在 INS 上的粉丝数超过 100 万，Facebook 的粉丝超过 5000 万，在布鲁塞尔、柏林等知名国际大都市都能看到华为的广告牌，足见华为的战略布局之深远。

在用户策略方面，华为肯定了客户要经历感性和理性双重体验的事实，积极地和世界运营商合作，以此来获得与客户更多的"接触点"，从而了解客户的真实诉求并通过开发 Use Case（描述需求的方法，旨在提高用户体验），让客户体验管理成为现实。

如今，华为的业务范围扩展到了世界 170 多个国家和地区，约构建了 800 多个云数据中心、保障了 200 多个重大事件、维护了 1500 个以上的网络……华为已经成为确保全球网络正常运行的"稳定器"。华为的自我锤炼，不仅铸就了日渐强大的企业基因，也形成了一套独有的哲学体系和创业精神，这种日新月异的进化带来了 5G 技术的诞生，而 5G 的横空出世也给全球文明的发展以无限可能。华为一面以《华为基本法》自上而下地鞭策自我，一面逐步释放 30 多来年基础技术研究的能力，成长为一个敢于投入并不断超越自我的企业。华为所展示的旺盛生命力，将带动更多的企业发生"细胞裂变"式的自我突破，而这正是其魅力所在。

目 录

第六章　信仰至上——华为的企业文化建设

第七章　思想引路——华为的哲学大法

管理为王——华为最强所在

第一章

锁定目标才能明确行动方向

美国知名管理学家巴纳德说：目标管理的最大好处是，它使管理者能够控制他们自己的成绩。这种自我控制可以成为更强烈的动力，推动他尽最大的力量把工作做好。企业想要实施战略计划，就必须要有明确的目标，有了明确的目标才能推动绩效管理，才能给员工、团队工作的动力。

员工没有动力并非都和他们的能力上限有关，也可能是企业没有设定清晰的战略目标和工作目标，员工不了解自己的工作职责和工作范围，时间一长自然难免生出惰性和推卸责任的思维习惯。对于企业来说，发展的拐点有两种：一种是机会导向，另一种是野蛮生长，前者属于投机主义，后者属于自然主义。如果运气好，机会导向和野蛮生长都能帮助企业快速发育，不过在市场竞争日益激烈的今天，这两种方式都无法真正促进企业的健康发展，只有将分散的、模糊的目标融合到一处，形成系统有机的目标体系，才能帮助企业实现由弱到强的良性发展。

有个路人经过一个工地，看到 3 个石匠在干活，就好奇地问他们在做什么。第一个石匠说他在做养家糊口的工作，第二个石匠说他在做全国最出色的石匠工作，第三个石匠说他正在修建一座教堂。从他们的回答中不难发现：第一个石匠只为了赚钱养家，是短期目标导向，没有理想；

第二个石匠是职能思维导向，他考虑到了本职工作，也能够获得更大发展，但还是局限于工作本身；第三个石匠是优秀的管理者，他看到了自己的工作和修建教堂的关系，也意识到自己的工作会影响组织的绩效。

当然，无论是远景目标还是近期目标，都是企业在摸索中逐渐明确的，而非一蹴而就。2000年，有人问任正非华为的战略目标是什么，他回答说："华为没有战略，如果你一定非要问华为公司的战略目标是什么，我们的想法就是怎样能够在激烈的竞争中生存下去，怎样比竞争对手多活一口气。"

任正非的话并非指华为没有目标，而是华为的目标不是一成不变的，无论是身为掌门人的任正非还是华为的其他高层管理人员，他们对企业未来的愿景也需要根据市场环境作出调整，这看似一个妥协的过程，实则是华为将零散的目标系统化和战略化的整合过程。华为每一年都要完成很多立足于现实的销售目标、市场目标以及利润目标，这也是华为在企业目标管理上的清醒认识——企业很多时候处于战略状态中，而不是一个具体的战略计划中。

2016年，华为作出了一个大胆的预测：销售收入预计要达到5200亿人民币。这个假想的数字已经超过了BAT（百度、阿里巴巴、腾讯）的总和，华为之所以敢提出这么宏大的目标在于看准了来自全球的战略机会。正如任正非所说："现在出现了战略机会，这是我们的重大机会窗，我们要敢于在这股机会窗开启的时期，要敢于在战略机会点上，聚集力量，密集投资，实施饱和攻击。"

2017年3月31日，华为发布了2016年年报，全年实现全球销售收入5216亿元，同比增长32%；净利润371亿元，同比增长0.4%。

华为是一个现实主义者，也是一个理想主义者。现实是因为华为比任何企业都心存危机感，时刻警惕着"华为的冬天"降临，这让华为总是能倾尽全力地关注当下；理想是因为华为从不满足于现状，以争做国际化的顶尖企业为目标。正是这种看似矛盾却又不矛盾的心态，让华为既不执迷于具体目标，也不热衷于高呼愿景战略。

华为注重微观目标的实施步骤，也看重宏观目标的实施环境，华为的宏观目标是在网络设备和智能终端领域中取得革命性的突破。虽然当下的市场经济环境不容乐观，然而华为聚焦的两大领域并没有体现出下降的颓势，反而显示出更大的增长空间。正因为锁定了这两大目标，才让华为有条不紊地攻坚外围、厚积薄发。

国内有些企业经常头疼一件事：年度目标怎么做？如果设定了目标实现不了怎么办？如果不设定目标又盲目推进怎么办？甚至有不少人将年度目标当成了"鸡肋"，不敢冒进也不甘于保守。但对华为来说，年度目标不是问题，只要用合理的方法进行规划就能助推企业明确战略方向。

第一，目标的体系化。无论企业涉足哪一类行业，都要先了解业务的发展情况、产品的竞争情况以及行业的发展趋势等问题，这些都是制定目标的参照和依据。华为将目标体系化，是为了能够最大限度地实现资源优化配置，使其和企业的愿景战略需求保持一致，而不能为了短期利益或者局部利益随意设定或更改目标。

企业的战略是什么？是有限资源下的取舍，是"两利相权取其重"的抉择，华为以竞争定位为锁定战略目标的核心，构建符合华为自身特点的适配性策略，而这一系列策略就构成了远景战略的组成要素。企业的战略既包含着务虚的成分，也囊括了务实的内容。任正非曾说：没有正确的假设就没有正确的方向；没有正确的方向，就没有正确的思想；没有正确的思想就没有正确理论；没有正确的理论，就不会有正确的战略。

纵观华为的企业发展史，在日新月异的时代变迁中进行了三次战略转型，而每一次都面临着竞争环境和竞争格局的重大变革，但是华为的目标任务却依然能够达成，这取决于华为对关键任务的锲而不舍。换个角度看，华为在目标管理上的原则是抓大放小，大是指关键的目标，小是指零散的目标，华为的大目标是"活下去"，这是一条必须坚持的最高目标也是战略目标的最低标准，"最高"意味着华为要永久地保持企业的可持续发展，"最低"是指活下去是底线，做得更好才能彰显华为的存在价值。

当然，华为在企业发展中也犯过战略上的错误，所幸华为坚持了以客户为中心的服务理念，能够从客户的反馈中迅速认清错误，将企业的试错成本降到最低，及时调整目标回归到主航道上。

第二，目标的合理化。企业设定的任何一个目标都不能脱离必要性和可行性两个维度，必要性决定了是否要设定这个目标，可行性则决定了目标能否顺利完成。企业应当对自身从事的行业和市场有着清晰的认识和准确的判断，从而具备掌控完成目标的能力。目标的合理化还包括利益的统一，也就是管理者和员工之间能否融洽地进行合作，确保目标不和员工的利益发生冲突。

以华为的创新目标为例，它严格遵循了市场、行业、技术等因素的客观发展规律，要求华为进行有价值的创新，而不是为了博眼球进行华而不实的创新。比如，华为在俄罗斯、法国等国家设立了研究所，目的就是利用中国人擅长数学思维的优势，运用华为在3G、4G等技术开发的优势，结合海外市场的地区化优势，设定了分布式基站，这一创举具有颠覆性和实用性，达成了华为初始的创新目标，让华为凭借技术优势在世界市场占据一席之地。

第三，目标的受众化。实现目标最终依靠的是人，如果员工对企业的战略目标和近期目标不能理解透彻，不能从认识上接受，就很难发挥他们的工作潜能，那么由人组成的团队将失去向心力和战斗力，导致目标流产。换句话说，只有一个目标拥有广泛的群众基础，能够被企业的最大受众群体——员工所接纳，才能完成自上而下的认知统一，强化执行力。最好的解决方案是，企业常规性地召开高层、中层和基层会议，通过对目标的描述和探讨，让更多的个体对目标产生感性和理性的认知。

华为在1995年的初创时期，员工只有区区800多人，销售额不过15亿元上下，是国内名不见经传的普通企业，然而华为并没有轻视自己，而是确立了向数据通信领域迈进的目标。为了实现这个目标，华为不仅向广大员工阐述企业的愿景，也对友商传递了未来的战略方向，从中寻找到合作点，华为由此加强了和众多内地工厂的战略合作关系，整合产业链，共同发展，实现了对目标受众的泛化——不仅让企业内部统一认识，也让产业链上的每一个参与者都能接受华为的远景目标，从而获得更多的资源支持。

管理是稳定企业的基石，而战略目标管理是基石中的基石。在未来市场瞬息万变的情况下，华为反复强调聚焦主航道，而不是"鸡蛋不能都放在一个篮子里"。华为的观点是，如今是大互联网时代，物联网迟早会替代互联网，流量会更大，所以做内容一旦失误可能会满盘皆输，因此华为一定要坚守在传送流量的管道领域，这才是华为不变的商机。

战略管理是建立在对未来的预判的前提下，华为不会轻言转型或者升级，而是追根溯源，确保立业的根基不倒，这样才能对既定的战略目标和战略计划作出保证，一个目标的制定通常是经过多次讨论得出的最优选择，具有高度的准确性和科学性，是华为根据多年市场经验得出的结论，不可轻易更改。

华为的战略目标之一，是要成为全球顶级消费品牌，这是一个大战略计划。2013年，是华为推出消费类产品的第十个年头，华为从一家ODM企业转型为OEM制造商，华为积极推出了高价智能手机，为自己确立了新的战略目标。对此，任正非说了一句话："在大机会时代，千万不要机会主义，我们要有战略耐性。"不难发现，任正非是在告诫华为上下，要清楚"我是谁，从哪里来，准备到哪里去"。只有确立并稳定企业的奋斗方向，才能充分集成全部优势资源做到极致。

目标管理决定着企业发展的命脉，只有明确自身的战略定位，认清身处的市场环境、竞争环境以及行业发展趋势，才能用远景目标导引整个团队的统一价值观，才能用近期目标聚合团队的工作重心。华为正是依靠着对目标的坚定追逐，完善了对决策层、管理层和执行层的思想牵引，指导每一个工作单位顺利完成华为的战略计划，将"活下来"和"升上去"组成一对和谐共生、相互促进的目标体系，形成一股执着、顽强地发展驱动力。

没有绩效就没有动力

18 世纪，英国处理部分罪犯的方式是将他们发配到大洋洲，借此达到移民的目的。有不少私人船主承包了从英国到大洋洲运送犯人的工作，由于英国政府以上船的犯人人数作为支付费用的凭证，于是船主们为了牟取暴利，将每一条船都挤满了人——有多少人活着到达与他们无关。几年之后，英国政府发现船主为了节约费用故意断水断粮，导致犯人的死亡率高达 12%。英国政府想出对策，在每一艘船上都派一名政府官员和一名医生，还对运输船做了硬性的要求，然而死亡率非但没有下降，反而派去监督的官员和医生也不明不白地死去，原来是船主杀掉了那些不愿和他们妥协的人。后来，英国政府又教育船主爱惜犯人的生命，也毫无收效，最后一位议员想到了解决办法：政府应当以到大洋洲上岸的人数为计算报酬的标准，这样一来问题迎刃而解。很多船主主动邀请医生跟船还准备了大量药品，因为多活着一个人就意味着多一份收入，至此，犯人的死亡率下降到了 1% 以下。

这个真实的故事说明了绩效管理的重要性。

企业为何要做绩效管理，是为了拥有一支素质高、能力强的战斗团队，这个团队还要具备自我约束和自我激励的能力，单纯为了指标的管理不是绩效管理，因为它无法发挥员工的主动性和潜能，只有让员工在参与项目的过程中提升能力、提高对企业的忠诚度才是有意义的绩效管理。从这个角度看，绩效管理要建立在对人力资源的分析和整合之上。

华为将人才分为三种：第一种是普通的劳动者，他们按照相关法律条款获得报酬，公司如果经营顺利会给他们额外的奖励；第二种是普通的奋斗者，他们在华为工作了多年，但是需要照顾家人，希望按时上下班，对于他们不能委派繁重的工作，要找到合适的岗位安排给他们，他们的待遇会比社会平均水平稍高一点；第三种是有工作业绩的奋斗者，他们为公司付出了一切，所以有资格分享剩余价值，也是华为最需要的人，他们能够得到奖金和股票作为丰厚的回报。

如今市场竞争激烈，在没有特殊资源和权力的保护下，华为只能依靠奋斗者精神作为绩效管理的原动力，这是一种宏观的方法，它能够驱使员工通过不懈的努力换取优厚的待遇。有些工作岗位没有特殊贡献，员工的报酬就只能根据工龄而增长，必须按照贡献获得回报。

站在奋斗者对立面的是懒惰者，他们不仅不能为企业作出应有的贡献，反而会起到尸位素餐的负面作用，那么华为是如何甄别这一类人呢？单纯依靠制度是不行的，需要管理层对执行层进行合理的评判，确定他们是否留在当前的位置上，一旦发现某人缺乏奋斗者精神，无论资历如何，都必须将位置让给更合适的人。对于甄别懒惰者的工作，华为反对拿着僵硬的文件资料去挑选的办法，因为有的人资历尚浅却充满斗志，有的人技术一流却毫无进取心……只有保持灵活性和原则性的统一，才能让奋斗者保障自身的权益。

激励政策是绩效管理的重要组成部分，在华为的激励机制中饱和配股权是重要的组成部分，它能够增强员工的凝聚力和战斗力。华为的内部股权是从员工每年的劳动绩效评估中得出来的，会根据岗位贡献给予一定的饱和配股的额度，员工一旦获得股权之后，未来的收益和每个人长期的贡献将不再产生强关联，也就是说员工以后缺乏进取心，也会躺在功劳簿上吃老底，这种激励机制难免催生一些懒惰的思想，因此华为必须通过制度考核来完善绩效管理。

在《华为基本法》中渗透了一种观念：华为在意的是企业的价值链条的存续，人力资源管理、项目管理、市场管理等都要依附在这根链条上。华为必须弄清是华为人创造了价值，每个团队、每个人的工作业绩让华为不断完成目标，如何对这些价值进行评价就是绩效管理的具体表现。

华为的绩效管理包罗万象，每一个细节和环节都有明确的执行标准，具体分为以下四个方面。

第一，以工资多少确定任务大小。

大多数企业做预算时会先给员工安排任务，然后以他们的完成量和完成效果来作为绩效考核的依据，然而华为恰恰相反，先给员工一个工资包，得到多少就按照比例划分他的任务，自然工资越高任务就越大越难，越需要员工挖掘自身的潜能。华为和很多企业不同，它会强制给核心员工涨工资，从而倒推他们需要完成多少收入，迫使他们不断为华为创造效益，避免他们丢失奋斗者精神。换句话说，华为不会因为某个部门绩效差而给员工降工资，反而会增加工资，将优秀的人才留住，通过维系核心员工的力量保住团队实力的稳定性。

第二，合理分解绩效目标。

通信行业存在一个有趣的现象，当某个企业想要进入一个新区域时，竞争对手很难再打进来，因为他必须将之前的网络换掉，而拥有这个网络的设备制造商就占据了一定的优势，对手要想挤掉他们必须重新建造一个网络，而这个投入是巨大的，周期也是漫长的，因此最明智的做法是"扩容"——不消灭对方而是扩大地盘给予自己生存空间。这种竞争态势会造成产品线和区域之间产生矛盾，导致双方互相争夺资源。为了解决这个问题，华为在对区域和产品线进行考核时，将目标作为统一要求分解到每一条产品线和每一个区域上，比如当年的目标是 100 亿元，如果未能达到 100 亿元，所有人的收益都会下降，这能够促进每个个体努力完成任务。另外，为了消除吃大锅饭、破罐子破摔的负面事件，华为还会在区域内设立奖金包，提高他们的积极性和主动性，让他们与产品线保持密切的联系和互动。

第三，分层级进行考核。

华为的绩效体系包含着目标的设定和绩效的辅导，这是实现目标的过程，最后才是绩效的评价，它涉及了对员工的考核，也构成了绩效结果。华为将绩效考核视为战略的实现手段，也是企业文化的传播途径，为此采用了独具特色的分类管理：最低一层是新员工和计量制的员工，他们会进行月度考核；中基层采则用 IPBC 考核，每季度一次，IPBC 来源于 IBM 公司，简单解释就是个人业务承诺，比如部门经理预估本月内将签下多少订单等；最上面一层是中高层，考核的方式是述职外加 KPI（关键绩效指标），每个季度打一次分，每一年度进行一次述职。

华为对高管的绩效考核相对复杂，他们要接受平衡记分卡的考核，这张卡片分为四个部分：学习成长、内部流程、财务、客户。只有完善这四个方面，才能建立起系统的内部工作流程，平衡记分卡的设定具有科学性和人文性，比如在财务这个维度上包含了销售额、利润等 KPI 情况，客户维度上则包含客户满意度，学习成长维度上包含能力提升、思想认识和企业相契合等，内部流程这个维度则包含着每一个流程步骤的实施情况。

华为的 KPI 考核和其他企业不同，包含了技术创新、人与文化、制造优秀、利润与增长、顾客服务以及市场领先六个板块，具有很强的针对性，能够避免遗漏掉关键绩效内容，对考核目标作出最客观和准确的评判。为了避免产生解读上的歧义，华为对每个名词都做了解释，内部称为"KPI字典"，方便自查和他查。总的来说，华为设定的每一个KPI都经过了实践的检验，它们以计算公式的形式出现，方便人们观察和理解，也为了增强数据的准确性。

华为的中高层进行述职时不能随意创新，要根据一个既定的述职模板，比如不足和成绩、环境与竞争对手分析等内容，便于进行横向对比，尽快识别出能力差异。通过这种高标准和严要求，华为不断纯净管理层和决策层的人才梯队，确保企业始终维持在高效的运行状态中。

第四，合理分配收益。

华为员工的实际工资要根据职位责任、实际贡献等因素来敲定，以岗位、级别、匹配程度等因素为参照标准。对待不同的级别和岗位，既要考虑到对外的竞争因素，又要考虑内部的支付能力。另外，华为的薪酬体系存在细分原则：每个级别都有最高和最低的上下限，每个部门的管理者都要在这个范围对员工进行工资调整。如果员工未能实现晋升，但只要作出了贡献同样可以涨工资，甚至可能超过级别更高的员工，这种绩效管理思维有利于保持人员的稳定性。当然，如果员工没有完成绩效也会被降级，工资随之进行调整。

华为的绩效管理展示了西方量化管理思维的精髓，也保留了中国人情管理的部分基因，让员工既能依靠考核获得职位和薪资的晋级，也能通过管理者的评价获得相应的回报，让他们始终保持着旺盛的斗志，以奋斗者精神要求自我，推动华为从平凡走向卓越。

规范的流程是发展的保证

日本的丰田公司大量使用机器人和机械手臂，有人认为这是丰田裁汰多余员工的先兆，然而丰田给出的解释却截然相反：使用机器人并非为了节省人力，而是为了提升产品质量。换个角度看，丰田将解放出来的员工安排到更需要人类操作的岗位，这就是用规范流程的管理思维带动质量管理。

有人认为，科技是带领人类进入新时代的牵引绳，所以企业应当更重视技术，也有人认为，资本是打开人类前进道路的钥匙，于是盲目追求金钱。事实上，再尖端的技术和再雄厚的资本，无非是生长在地面上的树干，而科学化和人性化的管理才是决定树干屹立不倒的树根。华为的企业管理理念是管理第一，技术第二，而管理的一个重要组成部分就是流程化和规范化。

作为一个技术型企业，华为将管理放在第一位，可见对企业发展稳定性的重视。失败的管理会让企业的一切优势资源形同流沙，成功的管理能够让一切有利资源为己所用，二者最大的差别就是能否实施规范化的流程。在华为看来，管理是创造一切价值的关键，缺失了健全的流程机制就无法将技术和资本转化为利润。确立流程化的终极目的是维持企业的运行稳定，是为了将企业的全部资源和组成要素有机地统一起来，形成合力并在市场竞争中获胜。

现在国内不少企业也在谈管理，可是他们不愿意拿出更多的时间和精力做建设，只是制定出一套法规制度就敷衍了事，实际作用十分有限。更有甚者，一些企业还崇尚一言堂，从来不考虑如何优化管理机制，而是跟着领导者的感觉走，从"法治"走向了"人治"，一旦发生人员调整或者组织变化就会给企业带来严重的影响。相比之下，华为向来反对个人英雄主义，强调的是团队决策和集体献智。

任正非说："重复运行的流程，一定要模板化。一项工作达到同样绩效，少用工，又少用时间，这才能说明我们的管理进步。"从这段话中不难发现，华为规范工作流程的着眼点是企业的未来战略，正因为具备了这种长远的发展意识，才让华为的管理以流程化为核心，以高效率为目的。为此，华为引进了IBM的管理经验，这不是盲目地崇洋媚外，而是利用西方先进的管理思维提高华为产品和服务的标准化和规范化。

无论从事哪一类行业，成功的企业都有相似之处：第一能做好人力管理，将人的潜能发挥到极致；第二是做好流程管理，让企业在平稳有序的状态中运行；第三是做好信息技术管理，让企业时刻保持着和外界的交互性用以更新信息。从这三个管理层面来看，流程管理正是将人力管理和信息管理集成到一起的枢纽，起到了搭建平台、整合资源的作用。如果缺失了这个组成部分，优秀的人才和有价值的信息将会严重脱节，极大地弱化企业的整体管理效率。

华为从初创时期的"小农作坊"变成了大规模的"海外团队"，这并非简单的生命进化，而是得益于规范化的流程操作。如今华为的各项业务覆盖全球，产品线得到延伸，交付样式日益丰富，从管理的目标来看比以往更加复杂，不过华为仍然保持着精确的管理节奏，并没有被庞大的组织架构拖慢，这要归功于华为对流程管理的精要提炼：抓住核心——客户。

华为长期保持以客户为中心的服务理念，这绝非一句口号，而是对工作流程的重要概述。华为将生产程序分为三个步骤：第一步是将产品开发出来，或者从一个概念开始；第二步是将产品变现，必须要有客户买单；第三步是满足客户的需求，对产品进行优化和升级。这三个紧密结合的步骤对应了华为的三大业务流——运营商网络、企业解决方案和消费者终端。业务是以客户为中心的，业务流也是从客户中而来，在华为的组织建设中，围绕流程的项目组织建设是关键步骤，只有建成了流程才能将客户价值发挥到最大，以生存为底线，以客户为中心。

华为的流程建设是将所有人都解放出来，而不是让人无事可做，更不是让员工失业，而是让不同的人才在不同的岗位体现出各自的价值。现代企业的管理理念是，残酷的竞争并无太大意义，要用流程系统去解决问题，流程管理的核心是完善系统。

1997年，任正非在访问美国休斯公司、IBM等四家跨国公司之后，意识到华为存在着严重的局限性，如果不能改革会阻碍国际化的进程，无法实现终极的战略目标。于是到了第二年，华为主动和IBM、盖洛普等知名企业合作，引进了一些西方先进的管理理念，其中最核心的就是"依靠客户拉动"的原则。就在同一年，华为向IBM引进了集成产品开发体系，简称"IPD"。

IPD是基于全球产品研发管理最优实践总结的一套管理体系，它以客户需求为开发产品的起点，能够实现多部门、多组织之间的密切合作，凭借市场调研、市场规范等手段满足客户需求。在这套流程管理体系中，跨职能团队起到了核心纽带的作用，包含着集成组合管理团队和产品开发团队两级管理体系，还有投资评审委员会和战略规划委员会作为辅助。流程管理的纲要是在产品开发的每一个阶段都进行决策检查，也就是抓住关键要素并从技术和商业两个角度对产品进行评估，预测产品能够得到的回报。

在IPD体系中，产品设计的过程中要考虑到产品质量、成本以及可服务性等多方面的因素，要让每个要素都转为华为自身的竞争优势，而落脚点无一例外都要指向客户需求。

众所周知，华为是研发驱动型企业，主要产品的升级换代依靠技术的更新来推进，不过华为并没有忽视营销手段的实际运用。在规范流程之前，华为采用的是统一销售部门的方式进行运作，这种模式虽然简单易用却存在诸多弊端，比如不够灵活，不能及时调整市场政策等。随着华为业务板块的扩大和市场份额的增加，华为迫切需要进行流程管理改革，首要的切入点就是让更多的部门参与产品的设计、生产和销售等环节中，充分发挥它们各自的职能作用。

华为的销售流程简称为"MM"（英文名为"Marketing Management"），其主要作用是挖掘客户的需求并输出产品需求，以这一流程为主体框架，华为成立了各级研发队伍，让一线的营销团队变得更加灵活自如，能够与后方的研发和生产融为一体，满足客户需求。

外界一直误认为华为采用了高度集权的管理模式，然而并非如此，华为早就意识到集权只能造成组织的僵化，不利于团队灵活性的发挥，更会压抑优秀人才的个体作用，在市场环境风云变幻的今天并不适用。华为摒弃了高度集权，选择了规范流程，用流程的权威性取代了决策层和管理层的"人治"，不过这也经历了一个内部斗争的曲折过程。

在华为刚开始学习IBM的管理体系时，有人觉得这种方法论不符合中国国情，显得过于数字化和指标化，然而任正非却认为IPD将决定华为未来的生死存亡，任何一个组织和部门都不能忽视它的重要性。为了避免照搬主义给华为带来负面影响，任正非充分吸纳了IPD中的思想精华并适度进行了改造，后来 IBM 公司派人到华为考察，发现华为的流程管理效果已经超过了 IBM。华为始终认准一条：对每一个细微流程的把控都要准确到位，这样才能避免出现严重问题。

了解电子市场的人都知道，日系的很多产品几乎全线覆没，比如随身听、MP3 和游戏机等，这是因为它们都属于烟囱式产品——自行发展，互不接触，结果被苹果智能手机一一取代，因为一部手机集成了照相、听歌、娱乐等多项功能。流程管理也是如此，只有打通部门和组织之间的界限，才能让业务板块有机地整合在一起，形成几何式的市场引爆能力。

华为的流程化管理不仅促进了业务的开展，也给华为带来了高度的组织性和纪律性，让经营和管理更加可控，让每一个环节的负责人明确职责。华为以流程为管理核心进行了无缝操作，消除了不同部门、不同组织之间的隔阂，能够根据实际情况进行跨部门合作，保证最优管理和最高利益，最大限度地满足客户对产品和服务的需求。

IPD 不是一个指导概念，它是一个重要的过程管理，也是企业进行商业运作的导引关键。基于这种认识，华为力求让每一个员工都充满动力地工作，在项目管理、人力资源管理以及绩效管理等方面都完善流程化体系的形成，让员工实现自我激励，让团队自主遵守规矩，让企业从整体布局上按照计划推进。

流程管理要做到极致，最重要的一点是做好顶层设计，不能让管理机制中存在着致命的缺陷，否则会比无序管理产生更坏的结果。为了避免这类问题，华为认真考察了 IBM 这样的国际化企业，对每一个案例进行分解式的研究，找出可操作的要点，同时不断升级管理版本，做到设计和维护两不误，将日常管理积累的经验汇总，合理添加控制点，提高风险管控的能力，确保流程功利兼顾到日常运行、成本控制、质量控制。

单细胞生物往往拥有更顽强的生命力，这是因为它结构简单，同理，企业的流程管理也不需要复杂的结构，只要能够满足企业发展的需求即可，因为过于复杂的体系反而会拖累运行速度。总而言之，流程能否形成规范决定着企业管理的系统化和简约化。无论是人力资源的合理运用，还是组织建设的巧妙搭建，都需要稳定、科学、固化的流程维系其运转。华为正是参透了流程管理的终极奥义，才将不同的业务板块、组织结构和运行法则都巧妙地整合在一处，让组织效能最大化，让产品价值最高化，形成了压倒性的品牌竞争力。

用"动能输出"管理人才

1971 年成立的星巴克是美国著名的连锁咖啡公司，它从来不打广告，却用了短短 20 年的时间发展成为遍布全球的巨型连锁咖啡集团，令世人为之惊叹。星巴克的成功因素很多，其中突出的一点是它善于激发员工主动工作的热情。星巴克的员工除了有高于同行的薪资待遇之外，还享有"豆股票"等期权奖励，更重要的是，公司对员工一视同仁，只要员工献计献策，哪怕是极其微不足道的一点创新和改革，管理层都会认真倾听，还允许员工在公司内部的论坛上向高层直接提问。通过物质和精神的双重激励，每一位星巴克的员工都充分获得了自尊感，增强了主人翁意识，凝聚了战斗力，更好地为客人提供服务。

员工的工作态度决定了他们的工作效率，而企业的工作方法决定了员工的工作态度。在知识经济时代，知识型员工是企业创造财富的重要来源，而知识型人才的特点是个性张扬且需求多样化，他们不能用传统的方式管理，即不能压抑他们的内心诉求，要给予他们自由成长的空间。

在华为的十几万员工中，百分之八九十都属于知识型人才，华为如何将这些追求个性的人才整合在一起并激活他们潜能的？标准答案是，用"动能输出"让他们体现价值。在《华为基本法》中，明确提到了"价值观冉造""六大核心价值观大讨论"以及"以客户为中心，以奋斗者为本"

等核心价值观，华为凭借企业文化价值观的整合与管理，将十几万知识型人才紧密联系在一起，用价值体系一他们的思想。

正是通过帮助人才规划愿景和价值观，才让华为人尽其才，每个人都有工作的动力，而华为则保护员工对自由和个性的追求，对待员工以宽容之心，不会歧视或者抨击他们的差异化表现，而是引导他们的个性，让他们从"要我干"转变为"我要干"，建立一种"动能输出"的工作欲望。华为凭借价值观引导有效地保护了员工的个性，为华为赢得了动态、变化的人才优势，让每一个员工都有了持续工作的动力。

耕柱是墨子的得意门生，不过他总是被责骂。一天，墨子又责备了耕柱，耕柱觉得十分委屈，因为他是墨子门生中最受大家认可的，却经常被老师批评，实在颜面无光。于是有一天，耕柱问墨子："老师，难道在这么多学生中，我竟是如此差劲，以至于要时常遭您老人家责骂吗？"墨子听了也不生气："假设我现在要上太行山，依你看，我应该用良马来拉车，还是用老牛来拖车？"耕柱回答："再笨的人也知道要用良马来拉车。"墨子又问："那么，为什么不用老牛呢？"耕柱说："因为良马足以担负重任，值得驱遣。"墨子说："你答得一点也没错。我之所以时常责骂你，也只因为你能够担负重任，值得我一再地教导与匡正。"

华为的"动能输出"也是一种人才激励策略，只有采用合适的激励方法，才能让人才符合华为预期的发展方向。任正非对人性有着深刻的理解，他了解知识型人才的需求，也清楚管理底线在何处，如果对知识型人才进行严格的制度管理而失去弹性，只能让他们觉得反感，只有采用灰色管理的方式，不将问题界定为黑或白，不针对员工本身，这样才能对他们进行有效的约束和激励。

华为的文化价值观念是以奋斗者为本，所谓"奋斗者"就是积极努力的员工，对待他们要通过高压力、高绩效、高回报进行驱动。

高压力就是让每一个人存在危机感，这正如任正非所说，每一个高层都应该具备使命感，特别是在他们拥有一定的财务支配权力后，就要用更高的追求让他们寻找到自我价值，而对待中层则要采用淘汰机制，对待基层要让他们不断努力去积累财富；高绩效就是用业绩来体现员工的价值，华为每年对员工都会提出挑战性的绩效目标并作出承诺，这是让员工将工作状态和工作业绩联系到一起，充分发挥他们的动能；高回报就是华为建立的薪酬分配机制，让能力突出者得到对等的回报。

当一个企业发展到一定规模时，往往会在内部产生懈怠和腐败等负面的氛围，尤其是对那些资历老的员工，他们会因为自视甚高而丧失主动工作的热情，还会对新员工产生负面影响，这种有害的观念一旦不能及时清除，将会严重阻碍企业的未来发展。

任正非一再强调：没有什么能阻挡我们前进的步伐，只要我们根除内部的惰怠与腐败。归根结底，让每一个华为人都保持"动能输出"状态才是解决问题的根本大法。对此，华为根据不同的管理目标采用不同的方法。

第一，对待高层管理者。

华为从 2004 年开始启用了轮值 CEO 模式，让 7 位常务副总轮流担任 CEO，每半年轮值一次，轮值 CEO 负责提出经营决策议题以及主持经营决策会议。这种新型制度不仅能够遏制高层的腐败，更能保持他们的危机感，从而激发他们不断提高和完善自我，在短暂的轮值期间发挥自身才能。此外，华为还有着一套自律机制——"EMT"团队自律宣言。这个宣言要求每一名成员认识到作为公司领导核心的作用，让他们认识到只有将自己修正为一个合格的领导，才能给其他人树立榜样。总之，EMT 和轮值 CEO 都能有效地让高层不敢松懈，保留初心。

第二，对待中基层执行者。

华为在推行激励和约束知识型员工的同时，也意识到一味地让员工输出是不现实的，也是违背人性的，因为人总有想偷懒的时候，不可能24小时都保持着良好的工作状态，也难免会在工作中犯错。任正非的观点是：有洁癖的人无法当领导，因为他们过于要求完美，既折磨自己也会折磨别人。"动能输出"虽然是华为对员工的要求，但并不是要残酷压榨一个人的剩余价值，只要员工能够符合预期的要求、达到百分之七八十的"输出量"即可。华为的这种人性化驱动方式，能够更有效地团结员工，让他们心甘情愿地为企业做贡献。

任正非在《从泥坑里爬出来的人就是圣人》一文中明确指出：人无完人，人不怕犯错误，只要自我批判，承认并改正错误，不断自我超越，就是好干部，就可以成为圣人。对华为的十几万知识型人才来说，他们对个性的追求会随着时间的积累演变为一种自我膨胀，这种膨胀既能够帮助他们建立自信，同时也会让他们变得自负。因此，为了平衡这种心态，华为采用自我批判为武器，让员工不骄不躁，保持健康、积极的工作态度。

华为的制度中有着很明显的灰色哲学，就是给予员工犯错的空间，也对他们提出自我批判的要求，迫使每一个华为人能够客观地认识自我，深刻剖析存在的缺点，由此找到改进的切入点，激发他们积极学习和超越自我的热情，推动整个团队从一个胜利走向另一个胜利。

有些企业生怕员工犯错，所以设定了极端严格的惩罚措施，担心员工的失误给企业带来经济上的损失，事实上，很多人都是在错误中成长的，杜绝员工犯错就是不给他们成长的机会，对企业来说也许不会损失一分钱，但也很难多赚一分钱，因为员工都变得唯唯诺诺、保守自闭，谁也不敢贸然向前跨出一步，更不要谈"动能输出"。企业只有正视员工试错的利与弊，才能让他们变得越来越优秀，越来越符合企业的长远发展要求。

很多在华为工作过的人都说，华为的氛围和其他企业相比更像是学校——人与人之间的关系和谐简单，即便是上下级之间产生矛盾，管理者也不会记仇，员工也不必提心吊胆，因为大家都知道双方的核心目的是做好工作，无论是上级犯错还是下级犯错，都是源自对工作的摸索和实践。如今一些行业的市场竞争进入"白银时代"，经济收益大不如逝去的"黄金时代"：竞争对手的日渐增多，企业盈利越来越难。在这种生存环境下，企业如果不能激发员工主动工作的热情，只会依靠简单的"人治"进行管理，无法提高员工的积极性，只有给予员工探索的时间和空间，才能有助于他们提高工作效率，让他们人尽其才。

缩小一分成本＝扩大一块市场

一家中国餐厅和一家日本餐厅都出售煮鸡蛋，尽管他们价钱相同，前来购买的人也差不多，然而日本餐厅的收入却高于中国餐厅，这让很多人疑惑不解。后来，一位成本控制专家对这两家餐厅的煮蛋过程进行了分析对比，终于得知了真相。原来，日本餐厅是用一个长宽高各4厘米的特制容器，放进鸡蛋和50毫升左右的水，盖上盖子之后再点火，1分钟左右水开，再过3分钟关闭火源，借用余热再煮3分钟。相比之下，中国餐厅的煮蛋成本就很高，先是点火，然后在锅里加入250毫升的凉水，3分钟左右水开接着再煮10分钟才关闭火源。经过专家计算，日本餐厅最少节约4/5的水、2/3的煤气和将近一半的时间，因此比中国餐厅节约70%的成本，还为顾客提供了更快捷的服务。

对于企业来说，节约成本是永恒的主题，成本是决定利润高低的关键，成本高了影响效益，成本低了又会影响质量，因此控制成本需要掌握尺度，成本既是利润的消耗也是利润的来源，只有合理平衡它们之间的关系才能既提高效益，又不影响质量。

企业的成本管理是根据企业整体的战略发展方向和计划来制定的，它关乎企业能否在市场中占有竞争优势，因此，企业的成本管理首先要关注成本战略空间，也就是将成本信息融入企业的整体战略中，通过对成本结构和成本行为的调研分析进行合理的管控。企业的成本控制不是单方面的行为，需要体制内的各个组织结构共同协调，还需要良好的环境才能保证目标达成。

在《华为基本法》中对成本这样描述：成本是市场竞争的关键制胜因素，成本控制应当从产品价值链的角度，权衡投入产出的综合效益，合理确认控制策略。任正非也说过：管理中最难的是成本控制，没有科学合理的成本费用控制方法，企业就处在生死关头，全体员工都要动员起来优化管理，要减人、增产、涨工资，明年生产要翻一番，但人员一定要翻一番。

任正非的话可以解读出两层含义：第一，成本费用控制十分重要，只有成本控制得到加强，才能在产品品质相同的前提下产生竞争力；第二，控制成本费用要遵循"减人、增产、涨工资"这个规律，减人是为了节约开支，提高人均产出，增加利润营收，企业才能增产，才能为员工涨工资，而工资待遇的提高又会刺激员工的创造力和生产力，最终形成良性循环。

1987年，任正非与朋友合伙筹集了21000元创办了华为公司，在无资本、无人脉、无资源、无技术等不利因素下开始了艰难的创业历程，用32年的时间书写一部传奇。2018年，华为销售收入高达1085亿美元（约合7311亿人民币），同比增长21%，服务了全球40%的人口，10000多个5G基站发往全球各地，成为通信行业中的世界第一。华为的成功因素很多，其中最突出的就是成本优势。华为的成本优势体现在技术成本优势和运营成本优势两个方面，这些优势的建立得益于华为出色的成本管理。

技术成本优势依靠的是华为自主研发芯片，减少对高通、联发科等芯片供应商的依赖，也形成了华为智能手机的差异化优势，让华为在供应链中占据优势，避免因货源短缺、价格波动等因素造成的供货不稳定，增强了市场生存能力；运营成本优势依靠的是华为对国家补贴政策、出口政策等方面的合理利用，借助本土化减少生产成本，提高产品附加价值，形成明显的竞争优势。

时至今日，华为已经形成了独特的成本管理思想，在华为看来，成本控制的关键不在于多和少，而在于对与错，企业需要衡量的是投入产出比，节约成本不一定需要成本总费用的下降，而是可以通过成本费用来增量产出。为此，华为将成本管理聚焦到四个要点：设计成本、采购成本、库存成本、质量成本。

华为的设计成本管理体现在具体的设计环节中，即在产品设计之初就要考虑到该产品的生产行为是最经济的，能够让未来的消费者得到最高的性价比；对采购成本的控制主要在于提高相关负责人的议价能力，让他们帮助华为凭借规模经济效应大幅度降低原料、基础设备的采购价格；库存成本的管理以提高控制产量的意识为前提，让华为的库存始终维系在安全水平上，走"先下单再生产"的路线，减少库存费用；质量成本是华为成本管理的核心，因为一旦产品质量出现问题，消费者就会退换货，从而产生相关的产品维修和运输成本，甚至会损害华为的品牌信誉，因此华为严格控制生产程序，将次品率及其他质量问题控制到最低。

除了产品成本的控制之外，在运营中消耗的成本也需要进行合理的控制。华为和其他企业不同，更加看重企业运营成本的节约，成本费用是少花钱，而运营成本是把钱花在刀刃上。正如常言所说，会花钱的人才会挣钱，当然这个花钱不是指你买了什么东西，而是你能用最少的钱办最多的事。对于企业来说也是如此，只有合理投入成本才能赢得最大效益。

华为强调全员全流程的盈利意识，让员工明确节约成本费用的理念，并让他们在日常工作中体现出来。如果产品出现质量问题，首先会影响到直接成本，也就是维修成本、运输成本等，更重要的还会产生间接成本，比如维修工人的工资以及客户等待维修时的质疑，问题严重的话会影响到企业的信誉。对于此类问题，华为都在尽量避免。

美国航空公司是世界上最赚钱的公司之一，他们的口号是"把成本降到最低"。从开业那一天起，美航就一直研究如何压缩成本，比如发展轴辐式的路线结构、合理增加座位密度等。据说，美航为节约成本还开除过一条看门狗。原来，美航在加勒比海边有一个货仓，起初是由守夜人看守，后来换成了临时工，隔一夜看守一夜，这样做既能少发工资也会让外人误以为天天都有人，然而美航还是不满意，最后找来一条狗看守仓库，这条狗十分凶猛，见到陌生人就会狂叫不已，日子一长，胆子再大的人都不敢靠近仓库了，然而美航还是开除了这条狗，然后将录有狗叫声的磁带放到仓库门口播放，让人们误以为那条恶狗还在把守，再也没有人靠近。

企业节约成本最关键的是要量入为出，只有区分哪些钱该花、哪些钱不该花才能抓住核心问题。在《华为基本法》中，关于如何判断成本费用支出的合理性有明确的观点：是否有利于企业效益和潜力的增长，如果能够提升产品增值空间，无论如何都要筹集资金满足需求。

节约成本费用要看每一笔钱是否花得值得，会不会带来增量产出，这些可以通过经验进行判断，比如一些推广活动，可以从以往的经验中寻求数据支持，如果不能带来广告效应就减少举办的次数，缩减预算。还有一种情况是不易进行判断，那就是看如果花费这笔钱是否会减少企业效益，比如出差的时候坐经济舱会影响收益吗？如果不会就不要坐头等舱。华为正是通过这种思路进行校验，将每一分钱都用在刀刃上。

网上曾经流传一张任正非打出租车的照片，当时很多人以为这是在作秀，事实并非如此，华为的差旅费制度明确规定：领导人出差不能有下属陪同，如果有人陪同差旅费要领导人个人承担，这一规定对任正非来说也不例外。

很多企业存在一个认识误区：企业规模大了相关费用就增加了，然而华为并不这么看。华为的观点是：业务规模和费用并不存在必然联系。假设费用增长和业务规模有关，费用自然要根据收入的规模而增长，如果无关就不能增加。以企业的财务部为例，收入多了，买发票的费用、打印纸的费用可能会增加，但这种额外的开销并不非常明显，甚至可以在一定程度上忽略，然而销售部就不同，如果销售人员的提成增加，公关费用也会相应增加，总开支就会超过以往。正因为存在这种差异性，华为遇到成本核算问题时都会进行详细的划分，认真对比做形态分析，不盲目地节约开销，也不随意地增加不必要的投入。

企业要想在市场竞争中占据优势，赢得更多的用户群体，势必要建立价格优势，而产品和服务的价格取决于成本管理。成本管理涉及设计、生产、维护、销售等多个环节，然而华为能够直击重点，将设计成本和质量成本严格把关，加强管控力度。除了抓重点之外，华为也不忘统观全局，因为企业控制成本费用不能局限在生产、销售以及售后等某一个环节，而是要兼顾到整体，才能保证企业利益的最大化和成本的最小化，养成良好的成本管理习惯。

管好时间就掌控了未来

管理大师德鲁克说：要成为一个优秀的管理者，首先要管理好自己，而要管理好自己，最重要的是管理好自己的时间。

一位教授在桌上摆放了一个玻璃罐子，然后拿出一些能够从罐口塞进罐子里的鹅卵石，这时教授问学生："你们说这个罐子是不是满的？"学生回答说："是。"这时教授又拿出一袋碎石子顺着罐口倒了下去，问学生罐子是不是满了，学生们不知道该如何回答。这时教授又拿出一袋沙子慢慢倒进罐子里问："现在呢？"学生们说："没有满。"教授又拿出一瓶水倒进了罐子里。学生们这才发现，一个小小的罐子之所以能装这么多东西，是因为掌握了先后顺序，如果先放的是碎石子，那么大块的鹅卵石就无法再放进去。这个故事从侧面揭示了时间管理的精髓：对事件进行合理的排序就能减少时间的浪费，产生完全不同的结果。

时间管理是企业提高生产效率的重要管理内容，也是对员工进行职业培训的核心基础。一个缺乏时间观念的员工，一个缺乏时间管理能力的企业，即便能力再突出、资源再优势也会遭遇瓶颈的限制。

当前的市场竞争并非单纯比拼人才和技术，更是比拼时间和效率的赛跑，只有养成良好的时间管理能力，企业才能在市场竞争中占据不败之地。换个角度看，时间是企业管理工作的潜在资本，具有不变性、不可存储性、不可替代性以及伸缩性四个特征。不变性是指时间不会随着人们的意志所改变，不可存储性是指时间不可违逆，不可替代性是指时间是唯一的衡量存在，伸缩性是指时间存在着利用效率的不同。

从时间的四个特征可以看出，如果一个人或者一个企业能够抓住时间的规律有效利用，是可以在相同的时间内创造不同的价值。只有增强时间管理的效率，才能提高企业的工作效率，达到增产增收的目的。

时间管理是通过技巧和技术层面的因素促进人们完成任务的最大化。当然，时间管理并不意味着要在单位时间内将全部事情做完，而是凭借有效的运用减少对时间的浪费，从而更好地掌控时间。站在企业管理的角度看，除了要决定做某些事之外，还需要决定不做某些事。因为人类对时间无法掌控，只能通过减少其可变性进行控制。

企业的时间管理最重要的功能是通过预期规划对员工进行提醒和指示，从表面上看时间不计算在成本之内，然而在实际操作中，时间会影响着其他资源的消耗和投入。根据相关数据显示，好员工的时间利用效率超过差员工10倍以上。为此，华为时常提醒员工注意两个问题：第一，制订周密细致的工作计划，第二，学会说"不"。

有些员工虽然从早到晚忙忙碌碌，然而工作效率并不高，这是因为他们将时间浪费在一些毫无意义的事情上，在没有考虑必要性和可行性之前就盲目投入时间，结果既耽误了正常的工作进度又白白消耗了精力和资源。如果他们能在工作前做好周密的工作计划，就能避免做无用功。

还有一些员工个人时间管理能力很强，但是他们不懂得拒绝别人，会因为帮助同事做额外工作耽误了时间。华为虽然提倡团队精神，却不主张员工当"老好人"，因为企业需要的是将个体的资源优势发挥到最大，而不是"锄强扶弱"。对于本职工作之外的"友情援助"，员工有权利拒绝。

在华为，时间管理并不是终极目标，而是让员工和团队养成一种行为习惯的工具。每一个员工都要借助管理时间来获得满足感和成就感。在华为的时间管理法则中，包含着一条最为重要的原则——自律。只有当员工学会自我约束时，才能有效地运用时间，在最短的时间内完成工作量。为此，华为对员工长期进行时间管理能力的培训课程。

华为的时间培训管理专家认为，和时间管理相关的因素包含三个：确定自身价值、争取掌控权和认识自己的需要。确定自身价值，就是要在单位时间内将自身潜能发挥到最大；争取掌控权，就是要成为控制时间的主人而非被时间操控的奴隶；认识自己的需要，就是要在有限的时间内做最紧要的工作，分清主次。

每年的高校毕业季，都是华为开展校园招生的重要时期，网络上经常疯传华为的高薪资待遇如何如何，抛开一些过分夸张的传言，华为的工资待遇在国内的确数一数二，即便和BAT（百度、阿里巴巴、腾讯）这些巨型互联网公司相比也毫不逊色。那么问题来了，华为凭什么给员工高于同行的待遇呢？其实真相十分简单：每一个华为的员工都懂得时间管理，因此有着超过同行的工作效率，通俗地讲就是一个人能顶两三个人。借用一句流传于华为内部的话就是："招两个人发三个人工资干五个人的活。"

常言道：羊毛出在羊身上。华为敢给员工高回报还是员工自己给自己创造了高额价值。因为他们的工作效率高，工作量大，获得丰厚的薪资待遇也符合常理。换个角度看，只有能充分利用时间的人才有资格进入华为。因此，每当华为招收新员工时，都会特别对这些生力军进行时间管理方面的培训，其中最突出的一项训练就是让新员工掌握"韵律法则"。

韵律法则是华为独家原创的一套时间管理手段。所谓韵律就是指节奏，当我们写文章的时候，如果用5分钟打开思路、再用10分钟进入巅峰状态，这里的"5分钟"和"10分钟"就是"韵律"，如果有人在你进入巅峰状态时突然打扰致使工作中断，那么当你需要回归巅峰状态时还需要 5 分钟的时间，这就是外人破坏了你的"韵律"。

国外学者曾经做过一个统计，人们每 8 分钟就会受到 1 次打扰，而每天因打扰而累积的时间高达 5.5 小时。如果将这些无端消耗的时间重新聚集起来，将会完成多少工作量呢？

华为的韵律法则就是让大家保持符合自己思维模式和行为方式的节奏，比如当你遇到无意义的打扰时要果断拒绝，确保你始终处于巅峰的工作状态中。韵律法则包含的另一个内容是和他人的韵律协调一致，也就是保持和对方相似的工作节奏。当你想从同事口中了解上年度的销售计划时，要尽量选择干扰性较弱的方式，比如用即时通信软件和对方聊天，而不是走到对方面前与其对话，因为前者不易中断对方的思维。另外，员工需要了解别人的工作模式和行为习惯，避免采用对方不喜欢或者不擅长的方式沟通，让彼此的韵律都不被破坏，保证工作的连贯性。

华为的时间管理并非强迫员工拼命完成任务而放弃休息，而是让员工在良好的状态中轻松自如地完成既定任务，高效率地利用自己的时间和他人的时间。华为对时间管理的理解是，除了要决定该做哪些事之外还要清楚不该做哪些事，时间管理不是绝对的掌控，而是减少意外事件的发生，让员工通过事前规划顺利完成工作目标。

为了保证员工能够持续地工作，华为要求员工草拟出履行主要职责的计划后，就要专心致志地工作，用心处理重要任务，因为只有让精力持续专注才能提高工作效率。另外，每一个员工都应当不间断地去完成工作任务，将每一周的任务在日历上作出标记，代表着他们对每项任务的时间安排，当完成一项工作后就要接着去完成另一项。而且，华为提倡让员工尽量不更改原有的时间表，这并非让员工机械式的工作，而是帮助他们在期限截止前做好最重要的事务，避免虎头蛇尾的情况发生。

华为要求员工每做一件工作之前，都要细致地列出一个时间表格，记录需要做的工作和已经完成的工作，等到一段时间过后，他们还会通过表格判断自己的执行效率如何，还会详细地在备注栏里记录完成任务时是否被意外事件打扰，通过回顾工作过程，能够有针对性地预防一些常见的干扰，提高时间的利用效率。

在华为全面、精细的时间管理体系中，无论是管理者还是普通员工，都养成了良好的工作习惯，这种高效的时间管理意识和能力，不仅提高了管理者和员工的整体素质，也提高了华为的团队战斗力和执行效率，让华为在激烈的市场竞争中长期领跑对手。

第二章

创新制胜——华为不死的秘诀

再小的进步也是一次突破

1987年，两位美国邮递员科尔曼和施洛特看到一个拿着发亮荧光棒的小孩，引发了他们的思考：这东西能派什么用场呢？很快，他们将棒棒糖放在荧光棒的顶端，让光线穿过半透明的糖果呈现出奇幻的效果。尽管这是一个很小的发现，却让两人兴奋不已，申请了发光棒棒糖的专利并卖给了开普糖果公司。随后，他们继续"胡思乱想"：棒棒糖吃起来比较麻烦，可否加上一个自动旋转的小马达呢？很快，他们发明了旋转棒棒糖，投入市场之后，在短短的6年间卖出了6000万个。随后，他们又将旋转棒棒糖的技术转移到电动牙刷上面，卖出了1000万把。后来，他们进入了大名鼎鼎的宝洁公司，获得了4.75亿美元的收入。

科尔曼和施洛特的淘金之路是从一个微小的创新开始，并没有什么科技含量，然而他们充分利用市场上的空白，抓住创新带给他们的契机，成为人生赢家。归根结底，创新的程度有大小，但创新的意义无大小。对企业来说，任何一次微小的创新，都可能意味着一个全新的开始，都可以意味着一块新市场的开拓和占有。

华为的创新原则是宁可做有意义的微创新，也不做冒进式的颠覆性创新。在华为创业的最初阶段，主要依靠交换机作为利润来源，当时有一批机器卖到湖南之后，很快就出现了设备短路的情况，华为派出技术人员前去检查，结果发现罪魁祸首是老鼠——撒尿导致交换机断电。针对这种情况，华为改良了交换机的某些零部件，能够在一定程度上避免动物尿液对设备的影响，又保持了机壳和内部电路板的完整性，成为产品结构微创新的典型案例。据不完全统计，华为这种微创新的产品多达上千个。

华为在创新步伐上的谨慎态度，在于认清了创新的目的不是获得某种技术上的飞跃，而是要为企业的发展创造真正的商机。因此，华为十分在意掌控创新的程度，依靠技术优势在市场上争取主动权。技术的进步需要和市场环境、消费观念等因素相匹配，一旦超出消费环境的限制，超出消费者的接受范围，这种创新只能让企业背负沉重的负担，而不能将其转化为生产力。为此，华为确定了八条创新法则。

第一，以用户的体验为基准。

华为虽然是一个技术型企业，但并不是技术至上的崇拜者，而是以技术为生产驱动力的实用主义者，华为了解用户的真实需求是从技术进步中满足生活的便利，而并不只是为了某种功能性体验，因此华为从不会为技术创新而创新。在美国学者克莱顿·克里斯坦森的《创新者的窘境》一文中有这样一个观点："大企业失败。"通过剖析这个概念可以发现，那些具有技术优势的企业往往因为超越用户的实际需求而盲目创新，结果没有将创新成果转化为经济效益，反而不由自主地陷入了创新陷阱当中。

"创新陷阱"是近几年比较流行的一个概念，是指企业在发展中对创新活动存在错误的认识结果导致企业发展受挫的现象。简而言之，一个成功的企业只有具备一定的专业知识和科学创新能力，才能避开创新陷阱，让企业的发展顺利进行下去。在华为看来，必须以用户的实际体验需求为基准才能绕开创新陷阱，获得消费者的认同。

第二，掌握核心技术。

虽然华为不执迷于技术至上，却深知掌握核心技术的重要性，这就是华为提出的"深淘滩，低作堰"的战略精华，简单地说就是在最困难的时期也要锤炼技术，而不能为了节约成本而忽视技术的重要性。现在虽然有很多国内企业提出了重视技术的口号，然而需要花费真金白银时又会望而却步，相比之下，只有华为才是真正重视对技术研发的投入。

第三，合理规划技术。

微创新和冒进创新相比，更不容易掌握尺度，就像微创手术一样，往往需要更加精确的技术才能确保零失误。为了让技术研发准确到位、符合市场要求，华为对麾下的研发机构进行了细化分层，将基础研究和应用技术以及产品技术都分离出来，以此来维护长远战略的不间断创新，为日后的市场走向积累优势。华为的"2012"研发机构，就是取材于灾难电影《2012》，以此来提醒华为人保持危机意识，为和人类生存、生活有关的必要内容进行创新，不做冗余的技术开发。

第四，从最简单的开始。

和颠覆性创新相比，微创新不需要进行大刀阔斧的变革，而是注重聚焦现实的小突破，所以华为奉行的原则是从简单的领域开始做起，不求高大上，只求接地气，通过攻坚外围逐渐接近技术核心。正因为秉承着务实的心态，华为从不会提出"高歌猛进"之流的口号，但也不会放弃朝着珠峰顶端登临的勇气。总之，华为擅长从跬步开始，从点滴做起，不分散有限的精力，不滥用宝贵的机会，专注一个方向，正因为这种锲而不舍的精神和步步为营的方法，让华为成功开发出了海思芯片，形成了正确的技术研发策略。

第五，用利益驱动创新。

俗语有云：无利不起早。这句话运用在人力资源管理上也同样奏效，没有利益的驱动员工的创新主动性会受到严重的束缚。因此，华为对广大管理者和员工有内部股权分配这一奖励机制，还将应用型的研发机构定位为利润中心，让他们感受到来自市场的压力，也能分享华为因技术进步获得的经济回报，而这种进步注定是持续稳定的，如果贸然推进很可能会严重损害员工的利益。基于这种思想，华为的技术创新始终站在"奋斗者"的立场上，而不是"冒险家"的立场上，从而保证绩效分配、股权分配等利益的平衡性。

第六，保证相互制衡的稳定状态。

华为一直采用红军和蓝军对抗的方式为自己模拟一个强大的对手，红军代表着华为，蓝军则代表着假想出来的某个反对势力。每当华为开发出一种技术或者技术构想时，蓝军会马上提出异议，此时红军需要针对这些异议作出解答，只有将蓝军无懈可击地驳倒才能继续，否则就要回头修改或者推翻。这种内部制衡的思考方式让华为在技术研发方面更加谨慎，以明确路径和提高胜算为前提，而不是以创造多大的技术突破为前提，帮助华为减少失误。

第七，用组织体系做保障。

华为的组织具有很强的灵活性，比较突出的一个特征是进行调岗制度和轮值制度，比如会让研发部门的员工去做营销，而让营销部门的人去做技术，这样有利于培养复合型人才，也能够促使他们换位思考，在这种组织原则的影响下，技术创新更不能迈得步子太大，否则会引发不良的连锁反应，因为大家需要时间去适应新岗位，只能以最稳妥的标准去研发技术，降低了华为在技术创新方面的风险。

第八，用学习目标进行引导。

华为以全球标杆化的企业为奋斗目标，所以引用了国际化的 IPD 研发流程，为了提高技术创新的效率，而这种科学的管理机制不允许华为进行跃进式的创新，而是以瑞士钟表匠的精工制造完成创新，提高创新质量。

从宏观的角度看，华为的微创新以用户的需求为核心，而如何揣摩用户心理、准确定位需求基线，是一个漫长而复杂的过程，不仅需要依靠技术优势做担保，更需要市场经验做探头，更要在和用户的长期互动中及时调整研发方向，这样才能真正走近用户的内心，如同两个陌生人初次相见，选择聊天的话题一定是试探性的、浅层次的，而不能选择跨度大的、牵涉到隐私问题的，这也是技术微创新的最大现实意义。

华为从 2013 年开始，从上到下都牢记任正非的一句话："人人都喊创新的时候就是华为灭亡之日。"事实的确如此，一个技术型企业不能被外界的声音蛊惑，不能被市场左右，要保持必要的理性思维，这个思维的主体就是互联网思维。

所谓互联网思维，实质是将线下资源和线上概念相结合，这也可以看成是微创新的精髓。任正非总是强调华为要做一个保守的孤独主义者，像硅谷那样，既能保持着"世界创新圣地"的称号，又不会盲目为自己造势，归根结底是硅谷人有一种忍耐寂寞的精神，他们不会大张旗鼓地高呼创新。华为能够在创新的道路上层层突进，既是因为十几万员工协同作战，也是因为华为将 30 多年的经验运用到实践中，按捺住对创新的盲动心态，以诚恳、务实、谦和的精神有计划地创新。

合理范围内的创新才是真创新

创新的价值不在于突破的尺度，在于是否基于事物发展的一般规律，即便是微创新，如果违反了市场规律，也会给创新者埋下失败的伏笔。创新的步伐需要迈得谨慎，而创新行走的区域也需要合理规范。正如任正非说："快三步是先烈，快半步是英雄。"这句话说明了产品创新的节奏和企业投入产出环境的平衡有关。创新有可能打败自己，而不创新可能会被别人打败。作为国际化的技术企业，华为的创新理念已经不再局限于投入产出比这些方面，不能够满足短中期的市场成功，华为需要适应领航者的角色。

任正非曾经在华为的战略务虚会上说：允许有一小部分新生力量去颠覆性创新，探索性地"胡说八道"，想怎么颠覆都可以，但是要有边界。这句话鲜明地指出了创新不能没有规矩，要么开放出"试验田"小范围地尝试，要么进行必要的"临床检验"后才大规模地推动。不合理的创新只能产出反人类的产品。

科技的最终目的是服务人，产品则是科技的载体，它必须以满足用户的现实需求为出发点，而不是给用户制造麻烦。一个产品想要真正打动消费者就要进行合理的创新，让用户感受到科技带给人类生活的便捷。华为的合理创新基于"以客户为中心"，堪称用户的"贴心设计师"，能够将工匠精神和实用主义完美融为一体。

诚然，华为是一个不喜欢多谈创新的企业，然而华为的企业发展史却是一个充满着创新逻辑的企业，这是因为华为比很多企业更在意创新的合理性。很多国内企业缺乏创新研发能力，研发投入往往不足营销收入的1%，导致经济发展缺乏坚实的后盾，于是只好在概念上进行创新，殊不知这是最容易发生反人类创新的道路，只能将企业推到亚健康的创新思路中。相比之下，华为十分重视技术范围内的合理创新，能够认可人力资本的价值，从而吸引了很多高端人才，为其他企业树立了良好的标杆。

回顾过往，华为也曾经在创新的道路上盲目学习西方，留下不少教训，因此任正非多次强调：华为长期坚持的战略是基于"鲜花插在牛粪上"的战略，是不能脱离传统的，要基于现实存在进行创新，让"鲜花长好后，又成为新的牛粪"。

华为是一个有生命力的组织，华为倡导的是打造创新生态，重塑企业竞争力，要让创新真正为企业的经济效益产生贡献，而非炫耀式的浮夸创新。华为的创新内涵包含三个组成部分：突破、了解和投入。

突破，是任正非要求华为对自我认知局限的突破，任正非认为华为的优势在于有清晰的逻辑方向，在创业之初任正非就要让企业生存下去。只有将自我认知突破之后，才有突破思想的可能。任正非说，没有理论突破，创新就是一地鸡毛。华为的轮值CEO郭平也说过："靠机制是华为保持不断创新的秘诀。"

了解，是华为要对创新目标有深度的剖析，要能预感到投入市场之后消费者会作出何种反馈，是一个技术型企业认真审视自我的立足点。不做充分的了解和准备，就会让创新变成一匹脱缰的野马，导致局面失控。

投入，是华为认知到要超过西方企业的创新当量，必须加快速度追赶，所以华为每年将不少于 10% 的销售收入用于产品研发，形成了持续创新发展的有效机制，从物质基础上保证创新的动力不枯竭。

总而言之，华为的创新灵魂就是任正非倡导的企业家精神，是一种能够突破自我认知局限、作用于现实生活的世界观，为此华为不断在合理范围内探索创新的真谛。

合理创新从本质上将是对人性本质的洞悉和对商业本质的洞悉，不管消费者的自身状态如何变化，他们对产品的欲求是恒定的，作为企业只要能激发消费者的欲望并进行合理的控制，才能明确创新的真正含义。

任正非认为，是欲望的激发和控制构成了华为的发展史。创新的本质是为用户创造价值，而价值需要在合理的范围内才能确定，而这也是对消费者内心的洞察。华为为客户创造价值，这是人性的本质促成的。

华为的创新目标思路清晰：推动有价值的创新。对此任正非的理解是：中国人比较擅长数理逻辑，数学思维能力很强。所以，华为在材料学研究和物理研究领域很少投入，而在数学研究方面的投入巨大，这是为了依靠数学思维优势对创新的内核进行分解剖析，确保产品和服务符合时代的宏观需求。

任正非说："华为在未来的云里面不知会冒出多少你看不见的领袖，别打击，说不定这个人就是凡·高，就是贝多芬……我们正走在大路上，要充满信心，为什么在小路上走的人我们就不能容忍？谁说小路不能走成大路呢？你想要成功就要容得天下可容纳的东西。你们要容忍在核心网里面出现异类。"这也是华为对创新思维的侧面阐述，时刻提醒着华为人贴近用户需求，了解用户体验，构建合理创新的产品观念。

华为的 P10 手机上市之后，成为三星 S8 的有力竞品，然而很快有人吐槽 P10，说这部手机没有设计疏油层，是华为的严重失误。然而真相却是，疏油层只有几毛钱的成本，华为没有加入这个设计是为了防止疏油层的 AF 涂料改变电系数，从而影响到指纹识别功能。从这个案例中不难发现，华为不会做反人类的设计，而是会首先考虑到产品的功能性和用户的体验性，让创新为现实问题服务。

顺应用户的使用体验需要企业在设计产品时长期发力，需要坚持精品战略和工匠精神，这样才能真正打动消费者。想要让用户体验到产品的诚意，只能以精耕细作的踏实态度去打动市场，才能在一众竞品中脱颖而出并立于不败之地。

华为的合理创新以"知本主义"为原则，这个理论是以知识为本，是知识经济时代的重要特征，知识的载体是高素质人才，而人才在组织中起到了至关重要的作用，他们能够准确地抓取创新的核心价值，让产品的技术进步控制在合理的范围之内。华为非常重视基础理论，强调人才和组织之间的平衡关心，因为这种关系能够让人才发挥主观能动性又不至于脱离创新战略，因此能让他们将注意力集中在最有价值的创新区间。

合理创新需要以哲学的视角去思考问题，华为的创新是哲学的胜利。摩托罗拉曾经是最具有创新精神的企业，然而在走向了技术崇拜之后，开始忽视客户的需求，盲目投资了铱星计划，结果导致末日降临。华为曾经也是技术导向的企业，当时的创新战略是摸着石头过河，具有很大的盲目性和随意性，缺乏前进的方向感，无法锁定在合理的创新范围内。

任正非说："由于我们过去浪费了1000亿人民币，积累了很多的人才、经验，包括给西方公司交咨询费接近300亿人民币，以15年左右时间打造了一个以客户需求为导向，前端是客户，末端也是客户的端到端的流程。"任正非这句话从侧面证明了华为从技术引导创新到客户需求引导创新，这正是合理创新的精髓所在。

华为的创新观念是：只有对创新心怀一种坚守精神和敬畏心理，只有对市场环境有着高度的警惕和清晰的预判，才能确保企业保持着健康的科学精神和创新精神，将灵感的火花转化为切实的经济效益。

创新不能没有驱动力

鲁班是中国古代著名的土木建筑工匠，也是一位杰出的发明家，相传他发明了云梯、战舟、磨、碾子等工具，极大地提高了古代工匠的工作效率，也增强了物品的质量和美观度。据说有一次，鲁班和其他一些工匠奉命建造一座规模巨大的宫殿，然而当宫殿建造到一半时木料却不够用了，眼看着交工日期渐渐临近，工匠们只好放下手中的活去山上采集木料，然而用斧头伐木速度很慢，这让鲁班十分发愁。于是，他就想迫切地寻找可以替代斧头的工具。一天，鲁班去山上采集木料时摔倒了，他的手被身边的一棵小草划伤，才发现这种草的叶子边缘长着又尖又细的齿。鲁班忽然意识到，如果用锯齿形状的金属伐木，效率可能会提高，于是鲁班发明了锯，提高了伐木效率，宫殿的建造任务提前完成。

如果没有按时交工这个客观条件的制约，鲁班就不会急于上山寻找木料，很可能就错失了发明锯的机会，归根结底是工作压力驱动了鲁班进行创新。纵观华为的发展也是如此，华为初创的早期采用的是代理商的生存模式，后来逐渐由代理模式转变为直销模式，这个转变并非是华为自发想出来的，而是被现实问题"逼"出来的。

在 20 世纪 80 年代，华为刚成立之际，国内的电信设备市场几乎都被国外大型企业瓜分殆尽，势单力薄的华为无法与之竞争，只好从代理进口模拟交换机做起，在世界知名企业的碾压中寻求生存空间。然而好景不长，华为代理的香港公司看到市场局面已经打开，收回了华为的代理权。在这生死存亡的关口，华为面临着艰难的抉择：是另外寻找新的代理，还是再探出一条新路活下去？二者相比，前者更容易一些，然而华为却选择了后者，用代理销售获得的微薄利润投资到了程控交换机的自主开发项目上，终于为华为找到了新的出路。由于缺乏研发资金，华为不惜高息融资，甚至动用创业者的个人积蓄，经过3年的艰苦研发，终于诞生了华为独创的程控交换机，让华为走出生存的困境，迎来了崭新的发展前景。

世界上唯一不变的就是变化。从达尔文的进化论开始就能印证"适者生存"的真理，所谓"适者"就是能够适应环境变化，能够进行创新的，不过，创新需要有正确的驱动力。纵观人类历史，不少创始者因为一个创新的思想走在时代的前列，然而到最后都成为失败者。他们的失败并不是能力不足，而是创新找错了驱动力，走进了误区。

华为一向鼓励创新反而盲目创新，这是为了选择正确的驱动力。在《华为公司的核心价值观》一文中，明确指出："我们反对盲目创新。"那么，如何避免盲目创新？在华为看来，只有选择了正确的驱动力，才能让创新内容符合华为的企业战略。

第一个驱动力，满足客户需求。

华为是技术型企业，始终以技术创新为中心，为企业的未来发展铺垫框架。任正非说："现在我们是两个轮子在创新，一个是科学家的创新，他们关注技术，愿意怎么想就怎么想，但是他们不能左右应用。技术是否要投入使用，什么时候投入使用，我们要靠另一个轮子 Marketing（市场营销）。"从这段话中不难发现，华为的创新是为了满足客户需求，需求如何满足，需要根据客户的要求利用高精尖的技术去改变甚至颠覆产品的概念，另外还需要合理的营销手段帮助产品快速打进市场。

一个现代化的技术型企业需要把客户的需求当成是企业发展的根本驱动力，要从市场、产品、销售和研发等方面去满足客户的需求并为客户着手解决问题，这样才能带给客户良好的使用体验。那么，怎样才能认识并转化客户需求呢？这需要企业对客户的需求进行准确定位。

华为虽然重视产品的技术含量，然而华为始终将客户作为中心，技术只是为了服务客户而已，华为不会做盲目的创新给客户带来反人类的体验。当然，作为一个依靠技术起家的企业，将以技术为中心向以客户为中心进行转化需要一个过程，而这个过程需要经过业务变革和管理变革，有的企业不愿意经历这个阵痛的过程，结果遗留了很多历史问题，不利于企业未来的经营战略，还容易埋下隐患。

第二个驱动力，以科学的视角创新。

现代营销学有一个观点是挖掘客户潜在需求，也就是说客户的需求有表象的也有深层次的，表象需求是通过市场调查和客户沟通来获取，而深层需求是要通过高科技的产品为客户创造需求。作为企业，不能一味地为了满足客户需求而去研发产品，这会越来越陷于被动，企业必须在了解客户需求的基础上先验性地开发一些新产品，让客户眼前一亮，主动刺激客户的需求。

华为倡导从工程师创新走向科学家与工程师一同创新，也就是将实验室精神和产品设计理念完美地结合在一起。科学的视角要求企业面向未来，用更高的技术占领战略的制高点，因此华为不断加大在芯片和平台等方面的资金投入，通过培养大批人才进行理论突破，以此来奠定崭新的创新方向。

第三个驱动力，长期保持着开放性。

创新不是目的，创新只是一种接近人类需求的手段，创新思维带来的开放性才是最重要的，华为坚信在产品技术创新上，只要保持技术领先是不够的，还要将这个领先限定在半步之内，因为这样才能体现出开放性，开放不是为了颠覆，而是为了打开思路。

如果将创新看成一次马拉松长跑，华为领先对手半步，就能拥有更广阔的视野和接近成功的机会，可如果领先十几步，华为就无法了解对手的动态，也会陷入意想不到的困境当中。做产品必须要开放，不开放只能会被市场淘汰，而中国的黄色大陆文明落后于西方的蓝色海洋文明，正是由于小农思想的自给自足和保守封闭造成的，仅仅掌握了高科技却未能打开思路，这种创新是无法为产品增加附加值的，未来必定会走向失败。只有将开放当成创新的驱动力，才能促使产品的核心价值提升。

第四个驱动力，继承原有创新。

原有创新内容如何保持呢？只有不断在其基础上创新才能延长它的生命周期。华为掌握了多项专利技术，就是为了在合适的时机将这些技术转化为具有经济价值的产品和服务，这才是对旧有创新的继承和发扬，也是对资源的保护和再利用。在任何领域，创新和研究都是存在着边界的，一旦跨界可能会产生意想不到的后果，但是只要保证旧有创新的存在，就能为二次创新找到科学的标尺，这也是华为多次强调聚焦主航道的意义所在。

换个角度看，"无边界"的创新会造成企业的战略偏移，所以旧有创新能够规范和约束二次创新，帮助企业最终实现宏远的战略目标。

第五个驱动力，确保企业的核心价值。

企业要勇于打破自身的优势去构建新的优势，这样才能紧跟时代的发展速度，才能不被变化的市场淘汰，这对企业而言是事关生死的大事。曾经如日中天的摩托罗拉发明了蜂窝通信，却没有成为最后的赢家，曾经业绩辉煌的柯达发明了数码相机，如今却已经退出市场，这些昔日的巨头虽然失败的原因各不相同，但最主要的原因还是不重视企业自身的价值，没有预测到未来的发展方向，换个角度看，企业要进行可延续性的创新，确保企业的核心价值不变，这样才能生产出符合社会价值的产品。一些企业盲目崇尚颠覆性创新，结果迷失了创新方向，最终错失了发展良机。

从本质上看，创新就是一种兼具风险和回报的探索行为，只要敢于创新就要敢于接受失败，任何科研力量都不能保障创新的成功率，任何逻辑思维也不能预估创新的最终结果。对华为来说，创新追求的是投资有效性，如果有一天研发上报的科研项目全都成功了，这并不能证明华为的科研探索卓有成效，而是因为惧怕风险造成了保守和落后，因为"都成功"与创新自身的规律相互背离。

未来的市场是知识的竞争，而知识的更新换代需要创新思维作为驱动力，才能及时更新企业的产品观、服务观和市场观，正确的驱动力能够帮助企业走上快速发展的道路，错误的驱动力只能让企业拐进弯道。创新是一种外界难以压制的能量，会让企业不由自主地被推到风口浪尖，华为将内驱力视为创新的根基，才避免了在技术探索的进程中陷入误区。

要改革，先优化组织

科学家将 4 只猴子关在一个密封的房间里，每天只喂它们很少的食物，过了几天，科学家在房间上面的小洞放下一串香蕉，一只饿得快昏了的大猴子冲向前，可是还没等拿到香蕉时，被预设机关泼出的热水烫伤，后面的 3 只猴子依次过去拿香蕉时也被热水烫伤。于是猴子们不敢再去触碰香蕉。几天过后，科学家换了一只新猴子进入房内，当新猴子想要爬上去吃香蕉时就会被其他 3 只老猴子制止。科学家又换了一只猴子进入，当它想吃香蕉时，不仅老猴子阻止它，就连没被烫过的新猴子也阻拦它。后来，当房间里只剩下新猴子时，预设的热水机关虽然被取消了，却没有一只猴子敢去触碰香蕉。

很多企业也像这个封闭的房间一样，一些老员工用错误的经验主义教导新人，本以为是在帮助他们，其实是让他们错失了成功的大好时机，这就是陈旧的组织氛围带来的负面影响。从这个角度看，企业想创新不仅需要先进的思想和优秀的人才，更需要合理的组织和流程，这样才能确保创新有的放矢。华为虽然很少提创新，但是却重视组织和流程的不断完善，华为的强大也体现在这个方面，能够站在不同的视角去观察问题、分析问题并解决问题。

当一个企业发展到一定程度之后，单纯依靠人力去解决起不了作用，换句话说就是有经验的员工不能依靠个人经验了，因为这只能是在企业初创时期发挥力量，能够起到决定作用的是组织和流程，这也是大公司进行改革比较困难的原因之一。截至 2016 年年底，华为在全球已经建立 168 个分公司，数万名员工，依靠他们个人的力量是不能解决各种疑难杂症的，必须依靠组织和制度，但这恰恰需要更精确地把握，一旦某个环节出了问题，带来的损失往往是致命性的。

华为清晰地认识到解决问题要依靠企业的框架而非人员，因此不断修正原有的体系和构成部分。另外，华为也认识到组织结构的变化会影响到权力和利益的重新分配，不过华为的框架相对简单一些，因为涉及经济利益的事情要少，所以华为的组织变革是自上而下的，只要高层拍板钉钉，下面就要严格执行，不论建立何种全新的体制执行力都比较强，这是在于华为的每个重要流程改革都有高层领导牵头。举个例子，项目经理拥有全部权力之前，工程部的经理掌控着人力资源和预算权力，还控制着分包商资源等，地位显然要比项目经理高，但是改革之后，项目经理能够掌握项目的决定权了，就在一定程度上削弱了项目工程部经理的权力，起到了平衡和制约的作用，这样的组织流程就有利于发挥各自的作用，也避免了部分管理者大权独揽。

组织流程的改革要以详细周密的调研作为前提，在没有摸清实际情况之前不能轻易作出任何变动。华为的改革理念是：发现问题之后会进行反复的论证，平衡优缺点，这是因为任何一种流程都不可能完美无缺，关键在于能否避开重大的缺陷。了解计算机编程的人都知道，程序里 80% 的代码都是处理例外流程的，而正常的流程只占到 20% 左右，这也是华为在组织变革里最担心发生的问题。所以当华为对变革进行论证之后，还会设定试点考察，尽可能地发现隐藏的问题。

组织变革中最难的是人事流程，因为一个新的改革至少需要维持三年到五年，这其中关乎员工的基本利益，如果执行不力，会让员工对企业心存抱怨。所以华为对待人事流程改革会谨小慎微，一旦在试点发现问题之后会及时调整。比如，华为每个产品线的基准不同，但是提薪的要求相近，就会发生一部分员工工资上涨过快、另一部分员工工资常年不动的情况，这种不公平会损害员工的工作积极性，华为就摒弃了这种照搬规矩的人事流程。

在华为成立初期，由于员工数量不多，部门和生产线比较单一，产品的研发种类也比较集中，组织结构比较简单。在这段时间，华为采用的是在中小型企业比较普遍的直线式管理结构，其核心就是高度的中央集权，这对当时的华为来说意义重大，它能够防止因权力分散造成的失控，避免了华为在发育时期夭折。然而随着华为企业规模的壮大，这种组织模式就不利于进一步的发展，必须作出调整。

华为的组织变革经历了一个复杂曲折的过程，在华为初创时期，公司规模小，人员少，组织结构很简单，然而随着业务的增长和组织的扩大，华为开始逐步进行了组织结构和人力资源机制的改革，制定了一套符合自身特征的组织架构：以代表处系统部铁三角为基础的，轻装及能力综合化的海军陆作战式。华为将这个组织体系称为"作战队形"，对原有的权力进行了重新分配。华为日后取得的成绩和这一次的组织变革有着密切的关系，因为组织的革新带动了业务战略的转型成功。

华为的组织理念是，总部通过战略导向和监控权，保证基层的权力不被滥用，所以组织变革绝非传统意义上的权力逐级下放，而是从"人治"向"法治"的转移。在很多私企中都存在着两种常见现象：一个是任人唯亲，另一个是高度集权，这也是人治型企业的特点，会导致企业在管理中存在着随机性。在世界经济一体化的今天，当东西方的企业管理思想碰撞之后，人治和法治、分权和集权之间也存在着博弈关系。

从某种意义上讲，华为并没有明确选择法治而彻底抛弃人治，也没有用分权完全替代集权，因为聪明的企业家知道，只有最合适的组织架构，而没有最完美的组织架构，只有根据企业自身特征量身打造才是明智之举。因此，华为长期采用中央集权的方式，不过这并非意味着决策层大权独揽，而是以此为前提，对中层和基层进行有效的分权。比如，华为的每个副总裁都会受到严格的限制，不管他们能力多强，资历多老，总是会形成相互制约的关系。

华为的组织架构可以用矩阵式来称谓，与之相对应的是直线式的管理方式，也就是华为在创业初期采用的管理办法。

在直线式组织结构中，综合办公室直接对任正非负责，下辖市场、财政、中研、制造和行政五个管理系统，负责人在其职权范围内享有绝对的话语权，任何一个部门的管理者只能对其直接下属有管理权，相对地，员工也只能向自己的直接领导汇报，这种方式简单粗暴，但是有利于创业时期的快速反应，帮助华为顺利地完成了原始积累。不过，当华为的高端路由器研制成功之后，华为进入了高速发展的阶段，市场范围扩大到全国乃至世界，员工数量也与日俱增，直线式的管理模式的弊端也暴露出来：一旦某个部门的负责人离任之后，短时间内很难找到合适的替代者，会让业务发展遭遇障碍。

1998 年，华为废除了原有的组织架构管理模式，在借鉴了西方现代企业管理经验的基础上，引进事业部机制，提高了管理效率，为华为创造了更多的新增长点。这种新组织的优势在于，只要华为发现具有战略意义的重要业务，就会相应地建立负责部门，成为企业组织的基本部分，具有专门性和专业性的特征，能够快速作出反应，当阶段性的目标完成之后会回归常态，形成一种动态的组织管理模式。从这个时期开始，华为真正走向了矩阵式组织管理模式，既有根据战略需求划分的事业部也有根据地区战略成立的地区公司。

在《华为基本法》中明确指出：公司的基本组织结构将是二维结构，即按战略性事业划分的事业部和按地区划分的地区公司。

为了最大可能地占领全国各地的市场，华为非常重视区域公司的组建。1997年，华为开始建立合资公司，和铁通合资建立北方华为并收购原102厂建立四川华为。2002年，上海华为通过改制建立了华东分部，其他地区的合资公司也逐步进行了改革，最后又演变为今天的地区公司。地区公司在总部规定的区域市场和事业领域内，利用公司的资源和需求发展并对利润承担全责。

任正非认为，事业部和地区公司的成功与否，主要在于组织分权制度能否适度，只有控制有效的组织才是华为应该建设的组织，没有控制有效就没有必要分权。

华为经过30多年的发展，不断适应自身和环境的变化，终于摸索出一条适合自己的分权模式。2009年又进行了新的改革，敲定了"以代表处系统部铁三角为基础的，轻装及能力综合化的海军陆作战式"的新组织架构，用这种模式孵化市场。

华为的"铁三角"模式由客户经理、解决方案专家和交付专家组成，能够为了完成任务打破功能壁垒，紧密地以项目为中心，这是一种更加科学的团队合作模式，能够充分发挥华为先进技术和丰富资源的优势，让后方对一线提供最有效的支持。

华为为何退出"铁三角"模式呢？这是因为随着时间的推移，不少管理者逐渐远离市场，对一线的情况并不了解，为了控制运营风险，华为建立了流程控制点，避免因为官僚主义和教条主义对基层业务拓展造成负面影响，最大限度地将机会转化为经济效益。在这个改革的过程中，最关键的就是如何解决中间环节，一旦协调不畅就会对基层和高层之间增加交流障碍，而单纯的精兵简政也不能从根本上解决问题，如果将后方人员调到一线也会增加成本和负担，为此华为才成立了"铁三角"作战单位。

华为通过将决策权根据授权规则授给基层组织，极大地优化了流程梳理，以需求锁定目的，以目的作为保障，能够高效地控制流程点的设置。回顾过往，华为采用中央集权异军突起，现在采用权力部分分配给基层组织的方式，形成了推拉相结合的框架，充分发挥了组织的工作效率，让每一条战线上的人力、物力资源都能灵活掉转和输送，确保关键的交叉点上得到控制，避免了官僚主义和经验主义等"毒瘤"出现。

企业的组织变革意味着权力的分配，这种分配会随着市场环境的变化和企业自身的发展持续优化，让过去积累的经验和资源产生"二次价值"，使华为在面对行业新风向时底气十足。要想抢占市场，需要组织内外的通力配合，华为多次优化组织结构，是为了避免变成一个"封闭的房间"，减少"老猴子"对"新猴子"的指手画脚，让每一个团队成员都能保持初心，敢想敢为地摘取"香蕉"。

从打破常规到规矩形成

美国的迪士尼在出名之前，生活过得十分落魄，他原本从事美术设计，失业之后和妻子住在一间满是老鼠的破旧公寓里。后来他连房租都付不起，被房东赶出了公寓。走投无路的夫妻二人坐在公园的长椅上，突然一只小老鼠从迪士尼的行李包里钻出来。小老鼠滑稽的面孔让夫妻二人感到很有意思，他们忘记了生活的不幸。可就在这时，迪士尼忽然闪出一个念头，他激动地对妻子说："好了！我想到好主意了！世界上有很多人像我们一样穷困潦倒，他们肯定都很苦闷。我要把小老鼠可爱的面孔画成漫画，让千千万万的人从小老鼠的形象中得到安慰和愉快。"迪士尼产生了这个"疯狂"的想法之后，马上付诸实践，若干年过后，米老鼠成为世界闻名的卡通动物形象。

老鼠原本是人类讨厌的一种动物，几乎每个人都见过它，然而将这种动物改造成活泼可爱的卡通角色是没有人想到的。迪士尼创造了米老鼠，正是敢于打破常规、颠覆老鼠形象的一次创新之举，让他捕捉到了被无数人错失的灵感。

创新的最大障碍是什么？是传统、固化的思想观念。

打破常规是创新的前提，而创新是一个企业可持续发展的原动力。没有创新就没有对产品和服务的突破和完善，就不会在市场竞争中抢占先机。

从一个万元注册资金的小公司成长为国际化的大型企业，华为的发展之路就是一条创新之路，正是拥有这种创新格局，才让华为实现了高瞻远瞩的全球战略布局。华为不像那些只盯着眼前利益的、缺乏创新精神的企业，华为从来不搞投机，而是以睿智和高远的视角审时度势，分析市场和客户的内在需求。

曾几何时，小灵通火爆国内，当时的一些企业抓住了这个商机，赚得钵满盆满，然而华为却没有冲动地跟进，而是将有限的资源投放到当时几乎无人知晓的3G技术上。对华为的这一举动，不少业内人士认为是犯了战略错误：将宝贵的资金放在一项默默无闻的通信技术上，错失了赚钱的良机，然而事实并非如此。

就在小灵通火爆通信市场之际，任正非以敏锐的眼光洞察了它内部隐藏的危机：小灵通并不是炫酷的黑科技，它也代表不了通信产业前进的方向，而3G才是时代需要的主流技术，迟早会被消费者和市场接受。后来的事实不必赘述，小灵通昙花一现已成明日黄花，而紧紧抓住3G技术的华为，一跃成为世界主流电信运营商的最佳合作者。

如果华为没有创新意识，如果华为不敢打破常规而是盲目跟风的话，恐怕就不会有今天的华为，更不可能有在3G、4G以及5G领域中的领跑者地位。作为一个创新型企业，最难能可贵的精神就是在繁华中预测到消亡的未来。

打破常规是创新的先决条件，但是对企业来说，并不是在每个阶段都要打破常规，推翻既定的战略目标和经营策略，因为在发展的过程中也需要"墨守常规"。当华为还是一个成长型的企业时，它需要逐步探索未来的战略方向和业务板块，当华为粗具规模、明确了远景目标和企业核心价值之后，就需要守住"规矩"而不是轻易打破，正如任正非常说的"聚焦主航道"一样。有些企业之所以在冒进和保守中不断犯错，是没有认清"破"与"立"的辩证关系，将盲目的颠覆当成创新，将原则的坚守看成是保守，结果犯了不可挽回的错误。

1998 年，任正非对华为的培训中心推荐了一本书，名为《西点军校领导魂》。该书详细介绍了西点军校怎样培养军队领导者的事情。除此之外，任正非还着力推荐，将麦克阿瑟将军要求西点军人坚持的三大信念修改成华为员工必须牢记的座右铭：责任、荣誉、事业（国家）。任正非不仅向员工推荐励志书，还经常和他们谈论解放战争的三大战役和抗美援朝等，目的就是向员工阐述在市场竞争中要坚持的法则，同时也传递给员工一个信念：所谓竞争本质上是自己和命运相抗衡的继续。

常言道：没有规矩，不成方圆。华为的强大创新能力不在于无所畏惧地打破一切，而在于遵守一套标准的规矩和流程，无论是基层员工还是高层管理者，都要在既定的制度框架内进行创新，每一项技术升级、产品换代都需要通过考核指标，这种标准化流程让华为守住规矩，避免不确定因素带来的不稳定，保证了创新的可持续性和实用性。

任正非说："一个新员工，看懂模板，会按模板来做，就已经标准化了、职业化了。你 3 个月就掌握的东西，是前人摸索几十年才摸索出来的，你就必须再去摸索。"这句话可以解读出一条重要信息：当企业形成明确的制度之后，每个人都要严格执行，正如基督徒恪守教规一样，任何人都不能僭越和破坏。

华为的规矩是为了指导创新而存在的，因此体系分明、要求严格，近似于一种"军规"，是基于现实、不空洞做作的准则，以此来保证华为创新效率和创新成果。

无论哪个国家的军队，都有着严格的规矩和流程，因为军队的纪律关乎国家的领土和主权的完整。华为将企业的制度法则"军规化"，就是提醒管理者和执行者在制度面前忽略人情，确保规矩的权威性。

华为的规矩可以分为两个组成部分。

第一个部分是军政模块的流程，主要是指建立军事化的组织管理，因为任何一次创新都不能脱离团队，不能凭借个人的异想天开，需要和团队的战略任务、战术模式相互匹配，并要符合华为的企业文化内涵，这就是从组织上确保了创新的质量。

第二个部分是军令模块的流程，主要是指形成军事化的命令体系，正如古语所说的"将在外军令有所不受"，华为面对复杂多变的市场环境，创新战略不是一成不变的，会在某个发展阶段产生微调，因此要为创新需求寻找新的支撑点和发力点，比如要紧跟技术研发和市场营销等，还要根据客户群体的需求变化临时调整创新方向。

华为用规矩为创新保驾护航，是从早期的探索式创新转化为守成型创新：探索式创新侧重突破，守成型创新侧重平稳，它们都能保证华为的创新精神不灭又能维持在合理的范围内，让华为无论经历何种变化都能对市场作出快速反应，保证战略目标的唯一性和持久性。在以规矩限定创新空间的基础上，华为凭借经验总结了三条创新原则。

第一，加强对未来的基础研究和应用开发同步实施。换句话说，这是华为给自己设定了"创新特区"，允许技术部门去研究一些处于萌芽状态的颠覆性技术（不能马上产生经济效益的），不过需要掌握投入的尺度，要让这些技术研发符合组织结构的规矩。为此，华为建立了"2012实验室"，在面对市场和客户的应用型研发时侧重强化而不是专注颠覆，因为守住原有的技术成果是华为生存的基石。这一原则既能维持华为的创新步伐也能避免冒进决策的产生。

第二，时刻保持危机感。华为懂得利用自身管理的优势并借用群体执行力的作用，将优势最大化，发挥大公司的整合性优势。尽管大公司在创新方面风险更大，然而"大"也是力量的源泉，只要保持组织的开放性和观念的先进性，就能建立一支准军事化的商业部队，在工业文化和互联网文化的融合的状态中寻找创新文化的新增长点。

第三，坚持"以技术为本"的理念。华为创新的战略是由内向外的模式，需要依据自身的竞争优势和发展阶段来确定创新的大方向和小细节，并非接受了某些先进思想之后马上投入研发，要在市场发生变量的基础上提前作出风险预估。

华为的创新法则是保持稳健的节奏，构建和谐的创新生态，华为笃信"创新就是在消灭自己，不创新就会被他人消灭"这个精妙的结论。华为深知创新带给企业的并非只有机遇，也会引发商业风险，因此才将"打破常规"和"墨守常规"精确地结合在一处。作为一个逐步国际化的技术型企业，华为敢于开放创新思维，也勇于坚持既定发展路线，以创新为跳板，以主航道为框架，以企业的愿景为战略目标开创良好的运行空间。

用"孵化器"获得创新成果

创新是企业永不过时的话题，建立创新思维、寻找创新方法、聚集创新人才……有关创新的每一项工作都颇具难度，也不易抓住要点。事实上，为创新打造一个平台，为创新搭建一个"孵化器"，才能真正让创新从概念上、内容上和形式上保持高度激活的状态。

英特尔就是擅长打造创新孵化器的企业，通过开放式创新的思路，充分利用外部资源推动创新的可持续发展。据统计，英特尔赞助了 500 多所大学，还将其开放性合作实验室安插在相关领域的大学周围，虽然这些实验室的所有权归属英特尔，但是研究的环境却十分开放，甚至一些项目也是公开的。英特尔在这些实验室中会集了顶尖的研究人员，同时吸纳了大学里的科研人员，让他们聚集在一处，交换思想，通过这些创新孵化器的搭建，整合创新资源，促使工作团队高效、高质地产出创新成果并获得知识产权。

思科也擅长用孵化器收割创新果实。从 1993 年以来，思科至少收购了 100 多家公司，其中 30% 的收入源自收购和开发活动，而思科真正的孵化利器是：如果发现有人愿意创业且想法新颖独特，思科就会投资支持他们，哪怕会变成思科的竞争对手，但是思科有言在先，只要创业成功思科就有权收购，如果创业失败思科会承担风险。思科的高明之处在于：如果在企业内部搭建创新孵化器，很可能会遭受来自内部的阻力，因此将孵化器移植到公司之外，就相应地减少了一些权力之争、利益分配不均的问题，还通过赞助这种形式垄断了互联网路由器和其他重要设备的技术。

在 2017 年英国伦敦举行的"全球移动宽带论坛"大会上，华为的无线应用场景实验室发布了 5G 应用场景白皮书，从行业的视角分析当今社会对 5G 技术的依赖程度和商业价值等内容，为 5G 行业应用指明了一条发展道路。

作为技术型企业，华为最需要的不是创新成果，而是能够为创新成果提供生长土壤的"孵化器"，这样才能真正满足华为企业生存和发展的长期需求。以华为的无线应用场景实验室为例，自从成立以来依靠对垂直行业的深入分析以及合作研究，正在努力构建全新的产业生态，目前已经在智能制造、智慧医疗以及车联网等多个领域获得了突破性的进展，成为具有代表性的技术创新孵化平台。华为还明确表示，未来无线应用场景实验室会进一步发挥创新作用，搭建技术升级和产品升级的连接通道并推动战略合作伙伴和运营商的商业成功。

华为全力打造创新孵化器，也是基于现实困境：深圳高等院校和科研院所数量不多，很难对电子信息产业起到源头创新的作用，更无法满足华为实施创新战略的刚性需求，因此必须打造孵化平台，加快产业技术创新的步伐并提高技术研发的档次。

第一，创新孵化的核心意义在于构建开放的创新环境。

以 5G 技术为例，华为通过制订"Wireless X Labs"计划，聚集产业合作者一同研究新技术，促进市场的共同开辟，生成更符合消费者实际需求的新应用。企业的成功之道在于扬长避短，华为的创新孵化是将有限的资源和精力集中在自己最擅长的领域中。比如，华为的"OpenLab"

建设。事实上，很多行业在转型的过程中，需要资源、环境和战术指导都各有不同，想要总结出一套"万金油式"的创新思路是违背现实的，因此华为力求提供一个平台而不是某个软件应用，所以才推出了"OpenLab"。这个计划的先进性在于，能够加快行业与客户的需求匹配度，能够让用户需求在华为ICT（信息、通信和技术）基础设施上发挥更大的作用。

第二，创新孵化的构建基础是需要产业伙伴的协同作战。

由于不同的企业拥有不同的技术和资源优势，只有发挥各自所长才能提高创新效率。为此，华为的"OpenLab"采用了"华为＋合作伙伴"的方案，基于同一个平台和同一个行业进行联合孵化，共同提高产品的竞争力，最大限度地提升客户价值。华为的理念是：面向合作伙伴，构建互动环境，推动联合创新，最终将其转化为商业价值。目前，华为在中国和欧洲等地建立了10多个"OpenLab"。华为通过这个平台，为开发者们提供了简单易用的开发工具以及其他支持服务。比如，华为和太极智慧城市合作的项目已经长达十几年，通过共同产出创新思路和成果，促进双方的合作走向多样化、深入化和密切化，在北京建立了市政务云样板试点，完善了云服务在技术、模式和体制等方面的细节，走在了行业的前列。另外，华为通过孵化平台实现了合作团队的资源共享。形成系统化的解决方案。

第三，创新孵化的实用价值在于聚焦目标。

随着时代的发展，华为的企业战略也不断进行调整，在数字化进程加快的当下，华为需要通过创新孵化解决业务痛点，以开放性的环境为依托，集中主要精力攻克行业瓶颈，满足合作伙伴的开发诉求。特别是在行业客户看来不够成熟的方案，需要华为与合作方整合创新思路，孵化出最佳解决办法，提高交付质量，对整个行业的发展起到推波助澜的作用。

2012 年华为的"OpenLab"正式成立，现在已经复制到全球几座城市，成为构建智慧城市生态系统、打通信息交换壁垒的有力突破点。由于参与者众多，极大地提高了全行业的创新孵化能力，集中地解决了用户迫切需要解决的问题，构建以客户为中心、不断创新的行业解决方案，增强行业生态的建设效率。

第四，创新孵化的运营原则要分清主次。

虽然华为的"OpenLab"是开放性的实验室，然而受制于资源的限制，华为在选择战略合作伙伴方面也要考察其资格，从而确定优先顺序。因为华为对开发者没有过多限制，所以华为必须以是否能聚焦行业以及聚焦主流应用方案为标准挑选最佳合作方，这也是为了推动创新孵化进程的必然选择。比如，在华为力争建树的公共安全领域，能够提供大数据支持的合作伙伴更符合华为的战略需求，它们能够帮助华为快速推出解决方案。

第五，创新孵化的终极目的是服务客户。

无论创新的方向和内容发生多大变化，都离不开一个终极目的——作用于消费者。华为之所以坚持"上不做应用，下不碰数据"的业务边界，就是为了不放弃"以客户为中心"的企业核心价值观，也有利于协调和竞争对手、合作伙伴的不必要矛盾。比如在华为和太极公司合作的市政务云项目中，华为着重将开发重点放在了业务、技术以及运营管理的融合上，锁定"服务客户"这一关键词，经过深入的探讨和严密的论证制订了应用解决方案并实现了产品的升级换代，为客户带来更好的体验。通过创新孵化器的聚合作用，华为与合作伙伴的关系不再是使用和被使用的关系，而是双方相互促进、共同抓取客户的进化过程。目前，华为通过"OpenLab"帮助合作伙伴赋能客户，给予双方更多联合创新的交叉点，帮助合作伙伴在实际网络应用中更好地为技术方案提供集成验证，从而做到对市场需求的快速响应。华为以创新孵化平台为切入点，有效地完成了产业链价值的聚合，帮助客户提高商业价值。

第六，创新孵化的过程有利于借鉴经验。

作为科技型企业，华为在业务板块不断拓宽的背景下，需要广泛吸收各个领域的经验和技术，为云计算、智慧城市建设等业务分支提供研究和参照的蓝本，推动华为构建现代智能生活的战略目标。比如，某地一个测绘学院在应用 GIS 系统时，为了进行资源整合需要建立云计算服务中心进行测绘，华为为该学院提供了包括计算、存储以及网络等多方面的设施，为科研教学提供业务能力支撑，尤其是在网站应用中满足了学院需要动态配给资源的诉求，确保了设备的合理应用，而且在这一过程中检验了技术并积累了实操经验，达到了能力孵化的目的。

现在，华为的"OpenLab"已经成为中国 IT 生态领域不可多得的创新孵化平台，它所产生的积极意义已经不局限于华为自己，也关系到行业内其他参与者的共同利益。随着华为国际化进程的加快和全球市场格局的形成，无论在理念上、技术上还是服务上都需要更多的创新成果，只有通过创新孵化器才能紧密联合多领域的合作方共同联手，提供给消费者更贴心、更有现实意义的产品和服务。

事实证明，一项伟大的技术革新，只有将其主要功能发挥到极致并将其推向到行业标准"代言人"的位置上，才能产生更强大的驱动力。在国内各地都争先打造孵化器的当下，华为立足于企业创新的需求，正在一步步将孵化器转变成为社会服务的最高平台，通过增设创新模式的试验区，为经济增长注入新的动力，而华为也将在这一过程中成为行业创新的引领者。

第三章

头狼之力——华为任用干部的法则

事必躬亲不如不闻不问

三国时期的诸葛亮是一个事必躬亲的人。蜀国前中期，刘备麾下可谓人才济济，然而诸葛亮并不懂得放权，也不懂得合理授权。当初魏延率部投诚时，刘备将其破格提拔为镇远将军，领汉中太守，让他的军事才能得到了充分的发挥。在刘备去世之后，诸葛亮大举北伐时，最合理的做法是授权给有作战经验的魏延，然而诸葛亮始终对其怀有戒心，对他提出的出奇兵攻长安的建议不予采纳，反而将只会纸上谈兵的马谡派去当先锋，自己还要亲督大军压阵，结果出师不利。此外，诸葛亮还亲自抓起运粮工作，耗费了无数精力，却不肯任用李严等人主管后勤，导致他积劳成疾、过早谢世。

华为在初创时期就提出了"分担责任"的口号，建立了员工持股制度，目的是让员工和企业实现利益分享，起到聚集人心、团结队伍的作用。这一观念已经和西方世界商界流行的期权制度接轨，也是华为长期摸索中总结的有效人才管理方法。

分权管理是现代企业组织为发挥低层组织的创造能力和主动意识而将生产、管理、决策等权力分给下属或者组织，最高领导层只集中少数关系全局利益和重大问题的决策权。华为的责任分担和利益分享是相互依存的关系，彼此并不矛盾，华为让员工承担工作责任和业务压力，因此能够分享到和承担责任相对等的报酬，这些报酬能够算入公司股份。这种奖励机制能够让干部和员工不断保持创新思维，让大家齐心协力将工作做好，总而言之有四点好处。

第一，放权就是给予员工动力。"事必躬亲"虽然能够对员工进行思想认识和工作方法上的指导，却也会限制他们的想象力和工作热情，让员工被迫压抑主动工作的积极性，变成被动的命令执行工具。华为正因为懂得适度放权，才能让十几万知识型人才自由发挥想象力，实现技术上和理念上的创新，让员工产生"公司就是我家"的理念，聚集起团队的力量，形成企业发展壮大的核心动力。

第二，放权就是培养组织者而不是执行者。任正非在刚到深圳工作时，是一个典型的技术人才，不过他没有选择去做技术员，而是选择了从事科研工作，因为他意识到：在知识经济时代，个人的努力终究有限，不能真正紧跟时代发展的脚步，只有将个体的力量融入团队中才能实现自己的理想。正是从一开始就摒弃了事必躬亲的观念，任正非才选择做组织者而不是执行者，并让每一个员工都保持这种心态，从机械地完成任务升级为站在全局思考问题，变身为具有企业责任感的"奋斗者"。

第三，放权就是对员工给予充分的信任。任正非十分清楚创新对企业意味着什么，所以在企业管理上要选择适合自己的模式，华为在企业的决策上从来不大权独揽，而是让各个部门的负责人自由发挥。在华为成立的前10年间，很少开会，任正非做得更多的是听取各位负责人的汇报，只要他们提出方案并能说服任正非就能获得授权，会从资源配置上对他们大力支持，这种开放性的驱动机制能够保持华为的创新能力，帮助华为走上了事业的巅峰。华为坚信"用人不疑，疑人不用"的原则，只要公司高层决定聘用谁就能舍得放权，从不担心高层被中基层的干部比下去。

第四，放权就是保持企业的开放性。放权能够提高企业内部的工作效率，能够让员工更富有创造性地工作，有利于让华为的高层从琐事中解放出来，让他们有更多的时间去把控大局。华为的工作方法是，管理者不会去问员工"懂了吗？"或者"你明白了吗？"之类的话，因为很多员工会出于对自尊心的保护和对权威的敬畏会反射性地回答"我知道了"或者"我明白了"，这种沟通方式不利于工作的继续展开。华为提倡的话术方式是"这个问题你怎么理解？"身为管理者，员工应当了解在放权下应该完成哪些目标、什么时间完成等内容。

放权虽然有种种好处，但过犹不及，如果放权之后完全置身事外，也会让员工迷失工作的方向，因此华为会通过绩效考核等方式让员工保持工作干劲。另外，放权未必都是重要目标，可以是小计划、小任务、小项目。放权的重点不在于让员工做多大的事，而是让他们学会主动思考、独立处理的能力。

华为提倡用放权管理干部，但是会针对不同的等级采取不同的方式。

基层员工是企业的基石，他们往往手中掌握的权力最小，却长期奋战在一线工作，另外每年都会有大量的新员工加入，尽管他们对新的工作岗位存在陌生感，但也要针对他们的心理特点适当放权。华为对新员工会从小事开始授权，这样能够训练他们负责任的态度并帮助他们建立自信心。比如，新员工在进入华为3个月之后，公司会帮助他们对自己重新定位，让他们正确认识到工作的价值和意义以及工作的责任，当发生重大事情时会和新员工分享并了解他们的想法，并放开一定权限让新员工独立完成一部分工作，让他们享受这种工作成果带来的快乐。

中层管理者在企业中起到承上启下的作用，如果中层干部得不到足够的权力，会让他们处于上挤下压的状态中，极大地削弱他们的工作热情，因此华为对中层干部也采取科学授权的方式，并通过授权、担责让他们产生危机感，使其更重视自身的联结作用——对基层尽心竭力地指导，对高层认真踏实地执行命令。任正非多次强调：华为要想壮大就必须强腰壮腿，而"腰"指的就是中层。为此，华为通过放权让中层打破部门本位主义，让干部了解得更多、指挥得更多、考虑得也就更多。当中层干部获得授权之后往往会站在全局的视角考虑问题，因为只有拿着伙食费去买柴米油盐才能真正了解生活的艰辛。

高层管理者是企业的大脑，起到火车头的牵引作用，对他们更要采取放权的管理方式。任正非曾说："以实现公司目标为中心为导向，对工作高度投入，追求不懈改进，去向周边提供更多更好的服务。"在华为看来，只有让高层有更多放手去干的机会，才能让他们承担一定的风险和责任，为了避免犯错他们会更努力地凝聚团队，向手下传递战斗精神，因为他们深知放权之后就没有了失败的借口，一旦出现重大失误，很可能会被撤职或者降职。

华为推行的 CEO 轮值制度，其实就是对高层管理者的一种放权新形式。华为对高层提出的要求是"使命感"，用任正非的话说就是"有钱也干，没钱也干，我就是爱干这活"。只有充分赋予他们权力，他们才能获得有更强烈的使命感。因为高层管理者并不缺钱，缺的只是一种自我实现的需求，放权能够让他们奋发向上，给予他们富足的精神力量。华为评定的"蓝血十杰"，将那些被认为是有使命感的干部推向前台，为其他人树立榜样，这都是依靠放权来让高层管理者产生更黏着的忠诚度。

企业干部管理的最高境界，就是管理制度之内的框架管理，用符合自身特征的制度管理人的思想，让人的思想主动形成制度的约束，而单纯地用人去制约人则是制度上的最大失败。人的思想会随着情绪产生变化，没有人能在不理智的情况下控制住本性，因此用人性去制约人性才是管理的根本立足点，单纯依靠制度的强化往往会适得其反。华为的放权管理就是一面放飞干部和员工的思维，一面牢牢地用人性和人心让他们忠诚地和企业紧密联系在一起。

太精明带不好队伍

一个老板经营的公司效益很差，员工工作效率很低，于是老板找到一位管理大师向他诉苦。管理大师考察了老板的公司之后问老板："你去菜市场买过菜吗？你有没有发现卖菜的人总喜欢缺斤少两，买菜的人也喜欢讨价还价？"老板不明就里，管理大师继续说："你在经营企业时，是不是也喜欢用买菜的方式来购买员工的生产力呢？"老板听了之后感到吃惊，问管理大师他该怎么办。管理大师说："你在员工的工资单上绞尽脑汁想要少发工资，让员工虽然跟着你却没有卖力地工作，你始终都在打着自己的小算盘，而且最大的错误在于你对员工斤斤计较，还能要求他们对你无私奉献吗？这才是你公司效益差的病根。"

这个故事反映的问题在很多企业中都存在，不少企业的管理者都希望员工多干活少拿钱，极其精明地打着自己的小算盘，却从不想自己给予员工何种待遇，用这种看似精明的思维去管理员工，如何能让员工为企业贡献经济效益呢？

企业的发展需要优秀的人才，而优秀的人才需要相对高额的用工成本，这是一笔对等的交易，不能用讨价还价的方式去节省。企业要想留住优秀的人才同时减少一定的开支，只能依靠高明的策略作为补充而不是使用阴谋诡计。

华为是一个善于留住人才的企业，其管理的核心在于4个字——难得糊涂。所谓"难得糊涂"，就是能够让员工心甘情愿地留在企业当中。事实上，太过精明的管理者，容易让员工产生叛逆心理甚至对企业反感，因为人生来都有惰性，特别是在某些条件下人很容易犯一些小错误，而这些错误未必会对工作产生直接的影响。作为企业不应当睚眦必报，应当学会睁一只眼闭一只眼，不能对人才进行严格的管束，要尝试从人性关怀的角度出发，最大限度地激发他们的自我约束能力，让他们在错误中吸取教训，从而完善自我，为企业创造价值。

很多企业喜欢采用严格的管理制度去约束人才，未必会达到预期目的。因为有些人才还是不愿意听话，他们不会被任何惩罚机制产生工作意愿或者提高工作能力。基于这种现状，华为采用了有效的管理机制，用机制去挽留人才，而不是捆绑他们。华为的人才管理经验在于他们能够站在人性的角度去审视人才。对此，华为坚持六个管理要素。

第一，保持管理者的谦虚，让人才发挥个人能力。

所谓"难得糊涂"就是要忽视自己的重要性，任正非讲过，他对华为的产品创造贡献为"0"，因为在华为所创造的技术发明中，没有一项专利发明是由任正非创造的。自然这是一句自谦的玩笑话，因为企业的决策者并不一定要是技术人员，这句话的深意是承认人才对企业的贡献而非居功自傲。纵观国内的一些企业，初创时期企业家依靠个人能力取得了不俗的业绩，然而进入高速发展时期却因为对人才管理不善形成了短板。

第二，尽可能地吸引人才，让他们坚定地留在华为。

华为的人才管理也曾遭遇到问题，2000年，华为一次性地从名牌大学招聘了300多名应届生，然而不到一年这些人才就都流失了，并非是待遇不足，而是华为没有明确自身选取人才的标准，找错了对象。后来，经过多年的摸索华为总结了一套人才选取的方案，不过还是将人才选取的重点放在应届毕业生身上。曾经有人不理解，华为难道没有吸取经验教训吗？然而这恰恰是华为"难得糊涂"的哲学思维：应届毕业生虽然有欠缺经验、心智不熟、成长变化较大等缺陷，但因为他们是一张白纸，便于写字，能够从基层一步步向上走，能够更好地吸收华为的企业核心价值观念。因此，华为没有介意应届毕业生对华为的"亏欠"，反而坚定了吸收应届人才的决心。

第三，保持企业内部的自由度，给予人才足够的成长空间。

华为从不用严格的惩罚制度强留人才，而是奉行"自由雇用制度"，也就是通过从人力资源市场招聘人才，让企业和人才之间建立合法的契约关系，而不会用强制留人等方式限制人才的流动。任正非曾说："公司与员工在选择权利上是对等的，员工对公司的贡献是自愿的。自由雇用制度促使每个员工都成为自强、自立、自尊的强者，从而保证公司具有持久的竞争力……企业和员工的交换是对等的，企业做不到的地方员工要理解，否则你可以不选择企业，若选择了企业就要好好干，若不好好干，你随时都可以离开。"华为的自由雇用以品牌、福利待遇、成长平台作为吸引人才的重要手段，不仅对他们的付出给予相应的回报，也让他们充分了解华为，与华为产生超越普通雇用关系的情感。

第四，坚持对人才进行不间断的培养，让人才和企业共同进步。

有些企业是带着警惕心任用人才，总是担心一些优秀分子翅膀硬了会单飞，所以不想给人才太多提升自我的机会，这是一种看似精明其实愚蠢的做法。华为对人才采用两种方式培养：一个是促进他们自身学习，另一个是让他们创造更好的业绩。从 1996 年开始，华为凭借高薪积聚了大量来自名牌学校的毕业生，为确保他们在华为成长并产生贡献，华为建立了适合业务需求和人才成长特点的分层和分类人力资源开发、培训体系等，用这种看似不够精明的方式促进人才的成长进步，让他们对未来寄予厚望并乐于为华为作出贡献。

第五，用科学的绩效管理奖励人才，保证企业内部的公平公正。

华为借鉴了 IBM 的管理思维，建立了制定绩效目标、工作期望、目标任务指导书、绩效形成过程指导、绩效考核等复杂而又系统的工作流程。这套管理机制看似和其他企业别无二致，然而华为的绩效考核却具有很高的权威性，是决定人才能否在华为立足的唯一凭据。相比之下，有些企业不想给人才过多的奖励，怕他们拿到更多的回报却不能长久留在企业。华为给予人才充分的工作主动权，目的是让他们创造更多的业绩。对比那些不能将绩效管理做好的企业，华为的绩效管理更具有可操作性和实用性。

第六，不放弃优胜劣汰的选拔机制，让优秀分子留下来。

优胜劣汰不仅是丛林法则，也是企业内部生态遵循的法则。对待能力不足的员工，有的企业采用明升暗降的方式对待，有的企业采用停薪留职的方式处理，采用了看似比较精明、委婉的方式，其实对企业对人才本身都无益处。华为对人才的去留采用了"末位淘汰制"，遵循了美国 GE 公司前 CEO 杰克·韦尔奇推崇的"活力曲线"——2-7-1 法则。这个法则将 20% 的绩优员工归类为 A 类员工，70% 的业绩中等的员工归类为 B 类员工，剩下的 10% 业绩差的员工归类为 C 类员工。华为对 C 类员工采用了末位淘汰，虽然看起来比较直接，似乎不近人情，然而正是这种方式才能让人才在动态中形成良性循环。活力曲线从本质上看是一条强制淘汰的曲线，能够让一个大型企业保持着初创期小型企业的活力。华为清醒地认识到，如果企业不能在组织内部推行良好的人才管理机制，就会失去工作的动力，员工也会失去进取心。

管理人才团队是一项系统工程，过分重视眼前利益只能损害长远利益。员工能否真正地融入企业，将直接决定着企业的战斗力和市场生存能力，也决定了企业文化是否能有效传承。现在有不少企业在如何培训新员工的问题上无法找到准确的方法，或者是用力过猛给员工造成了情感上的伤害，或者是用条条框框束缚了员工的思维。从企业长远发展战略的角度看，培训员工的技能和忠诚需要企业投入技巧和耐心，更需要企业拿出诚意和真情实感，因为企业需要的不是工作的机器而是有血有肉的人，让员工产生存在感和归属感才能让队伍所向披靡、无往不利。

"宰相必起于州部"

1812 年，美国马萨诸塞州一个荒僻的山村诞生了一个婴儿，他的降生虽然给父母带来了喜悦，然而他也注定成长在一个贫困的家庭里，得不到良好的教育，他从 10 岁开始就外出谋生，当了整整 11 年的学徒，随后又去森林里当伐木工人。尽管生活艰难，他仍然利用晚间休息的时间阅读了上千本图书，开始了一边工作一边学习的生活。后来，当他得知伐木场附近的政府机构招聘书记员时，大家都支持他去报名，然而负责人却认为他不具备高等学历。虽然他未能获得这个职位，然而他在 1840 年成为马萨诸塞州的众议员，40 岁时成为美国历史上第 18 任副总统——亨利·威尔逊。威尔逊一生反对奴隶制度，在南北战争后积极帮助为黑人建立完整的政治、民权措施，为美国创造了辉煌的成就。常言道，英雄不问出处。威尔逊副总统只是万千个由草根奋斗成精英的案例之一，很多人才出身贫寒，最终通过不懈的努力成为人中龙凤。

人才是企业最宝贵的资源，未来的世纪里人才都将起到决定性的作用。从世界经济发展的角度看，在资源缺乏的时代，资本享有绝对的话语权，人才要听命于资本的调遣，而现在发生了变化，人才对资本市场的影响会更大，而这种推动力会随着知识经济的到来日益加深。因此对企业来说，人才是创造经济价值和社会效益的核心，起到了主导作用，资本只有依附在人才身上才能保值或者升值。因此，华为的人才观是："过去资本雇用人才，未来人才雇用资本。"

既然人才有着如此重要的作用，如何选拔合适的人才对企业来说至关重要，因为一旦选不对合适的人才可能对企业发展起到反作用力。华为凭借多年的人才管理经验发现，人只有在良性约束下工作才能发挥他们最大的价值。所谓良性约束，就是让人才和企业保持着共同的价值观念，以此为基础才能让他们实现企业的愿景和使命，让人才将自身的追求和企业的宏远战略目标相结合，才能让他们有明确的奋斗方向，因此华为的共同价值观就是以客户为中心，以奋斗者为本。

要想挑选到合适的人才，就必须扩大接触到人才的范围，如果只是依靠内部推荐、熟人介绍或者其他裙带关系，且不说是否能找到真正的人才，即使找到了也是数量有限，很难满足企业的需求。作为一个全球化的创新企业，华为将自己定位为优秀人才的集中地，在这个国际化的大舞台上，华为需要营销、技术、管理等多方面的人才，而选取人才的标准也很简单：只要你足够优秀，能够接受各种挑战，踏实肯干，就能给你提供一个良好的表现平台。

2018年，华为在面对全国各大高校的优秀毕业生时，为他们提供了八大类别和上百种职位，为了能够不拘一格选拔人才，华为打破了专业和学历的限制，不会教条地将应聘者的能力和专业挂钩，而是以实际能力为选取标准，给予他们脱颖而出的机会。

韩非在《显学篇》中写道："故明主之吏，宰相必起于州部，猛将必发于卒伍。夫有功者必赏，则爵禄厚而愈劝。迁官袭级，则官职大而愈治。"韩非的意思是，贤臣都是从基层中一步步走上来的，勇猛的将领也是从士卒中选拔上来的，只有这些人才更了解一线的情况，也最能体恤奋战在一线的人的辛苦。任正非也说过："要从各级组织中选拔一些敢于坚持原则善于坚持原则的员工，在行使弹劾否决权中，有成功经验的员工，通过后备队的培养筛选，走上各级管理岗位现代化作战要训战结合，干部要以基层实践经验为任职资格……"

在华为看来，只有让人才在最合适的实际和最合适的岗位上工作，才能让他们贡献出最大的力量，并不会因为他们的资历和背景对某些人另眼相看。

现在国内的一些私企，虽然体制上不是国有制，却或多或少沿袭了国有制企业的特点：人才想要出头，必须靠"熬"。换而言之，在一个岗位上待的时间不够长，各方面的关系不够熟络，就很难有出人头地的机会。这样的人才上升方式极大地限制了优秀员工的出现，很多人在苦熬几年之后没有结果，往往会选择新的职业平台，对个人、对企业来说都是双输：企业流失了精英、员工放弃了经验。

为了避免上述情况发生，华为的用人原则是以责任结果为导向，强调基层成功经验。特别是管理层的干部，必须要从基层一步步成长起来，华为通过训战结合、循环赋能、物质奖励等方面完善人才选拔机制，确保优秀的"士兵"快速成长为"将军"，给企业不断注入活跃的力量。这种对人才的尊重和培养的态度，体现了人本主义精神的光辉。

如今是一个行业变革的时代，做企业只有心怀天下，放眼世界才能保持高远的战略视角，才能明确自己需要何种人才。华为不仅愿意从基层中选拔人才，也愿意从应届毕业生中挑选生力军。华为十分重视校园招聘，因为这些走出象牙塔的学生没有固化的思想和习惯，更容易接受华为的培养，让他们尽快和华为的企业价值观融为一体。

在华为内部，人们戏称面试官是"闻味官"，所谓闻味就是要挑选那些能够和华为同心同德、一起奋战的年轻人，而这个挑选过程往往需要依靠多年的识人经验，所以面试官通常由老员工担任，他们享有一票否决权，能够快速地挑选人才。

当一个生力军进入华为之后，他们会在自己的岗位上持续接受着培养。如果华为将某个人才定位为管理者，那么会通过三个方面进行考核，一个是培养接班人，一个是稳定员工，还有一个就是成为讲师。这种用人不拘一格的选拔方式，能够让人才快速成长。有一个华中理工大学毕业的学生，在两天时间就升任华为的工程师，半个月升为主任工程师，半年升任中央研究部副总经理，27岁就成为华为的副总裁。这种火箭般的晋升速度，不仅体现出人才自身的素养，更能折射出华为的用人之道。

华为在人才选拔方面有很多创新，消除了很多大公司固有的病灶。华为强调人才的创造性，会适度放权让他们自主决策，而不会因为他们的起点过低或者资历甚少而失去信任。

现在很多大学毕业生都担心进入私企之后被老员工排斥，被老板侧目而视，更担心自己的一技之长不能被企业所用，甚至会将宝贵的精力浪费在论资排辈的内耗斗争中。事实上确实有很多企业存在这种现状，导致一大批优秀的人才英雄无用武之地，而在华为全然没有这种情况。

众所周知，华为是世界100强企业中唯一没有上市的，带来的好处是不必以短期的财务目标为导向，隔离了外界的干扰，让华为有更充足的时间和精力投入技术研发和人才选拔上，一旦这些来自"州郡"的人才为华为作出贡献时，他们也会得到相对丰厚的回报。

华为内部有一种说法是：在公司工作越久越好，工资就像零花钱。这就暗示出了华为在挽留人才方面的努力，让人才安心工作，排除杂念，以更高的工作热情贡献一己之力。当然，正因为华为不计较人才的出身，所以坚持"人力资本的增值优先财务资本的增值"，简单来说就是人才的薪酬定级和职务晋升没有捷径可走，要想成为独当一面的中流砥柱，就必须通过实际表现来争取。

华为有一个90后的员工，入职10个月就成为办事处主任，为了作出更大贡献，他主动要求去西非做法语客户经理兼任产品经理，得到了很多客户的赞许。有些企业总是抱怨找不到合适的人才，其实是他们手中的人才被限制了发挥潜力的机会，是企业错误用人造成的。虽说是金子哪里都能发光，可如果把金子埋在土块下面，金子的光芒也无法被人看到。

任正非一直强调华为要"不拘一格降人才"，要向美国军队学习，比如李奇微将军，在二战时仅仅是一个少校，指挥一个营的士兵，到了朝鲜战争时成为联合国军的总司令，最后又接替艾森豪威尔成为北约组织武装部队最高司令。华为也在寻找着自己的"李奇微"，寻找那些品德好、能力强的优秀分子，不能过于强调公平，也要对精英分子破格提拔。

华为一直强调"培养起一大群敢于抢滩登陆的勇士"，这些勇士大多是从艰苦的一线选拔出来，他们经过严酷的市场竞争，与各类对手正面交锋过，锻炼成敢于冲锋陷阵的排头尖兵。华为能够从一个小公司发展为国际性的ICT领航者和智能机制造商，最大的发展动力来自人才，正是因为有了正确的人才选拔理念，才让华为依靠人力资源优势为企业增值，为产品创造经济效益。

要民主也要"独裁"

曾经将乔布斯驱逐出苹果的前 CEO 约翰·斯卡利说过这样一句话："成功的科技企业里没有民主！"从字面上来看，这句话似乎表达对民主的不屑，然而经过深入的剖析可以发现：在那些成功的高科技企业里不可能存在民主，企业更需要的是一个优秀的领导者。按照我们惯常的理解，企业中的民主是企业活动中员工的民主意识和主人意识，是一种"以人为本"的价值观，是一种长期养成的行为规范。

从某种意义上讲，民主和"独裁"在现代企业中是并行关系，"独裁"实际上就是人们常说的"集中"。民主是自下而上的管理反馈，"独裁"是自上而下的管理实施，如果只有一个力的施展方向，这个企业迟早会被顶破天花板。

民主是现代企业管理中的核心组成部分，是能否体验企业先进管理理念的表现。民主管理必须与现代企业制度建设相融合，才具有现实意义和生命力。所谓民主不是一句空泛的口号，也不是政治宣传的手段，而是要在企业的各项管理工作中有所体现的细节。现代企业想要谋求健康发展，注定要将民主的基因融入自身的血液当中。

与民主相对立的是"独裁"，有人认为既然企业要提倡民主，那就应该反对"独裁"，事实并非如此。在企业中民主和"独裁"的关系并不是你死我活的对立关系，而是需要和谐共生的依存关系。综观中国互联网企业的掌门人，很多都是"'独裁'分子"，他们有着不可撼动的权威性，然而他们管理下的企业并没有走向末路反而蒸蒸日上。

1998年，华为诞生了《华为公司委员会管理法》，在此之前，华为就有了"民主决策，权威管理，从贤不从众"的思路。所谓"从贤不从众"，就是不遵循少数服从多数的原则，而是实行"民主决策、权威管理"。表面看来不从众和民主决策有矛盾，其实二者是互为补充的关系。

华为的"民主决策"是指华为会听从更广泛的人的建议，但也要通过权威人带头领导。在华为看来，那些具有认知能力的人未必掌握真理，即便学富五车也可能认知能力有限，因为看书太多会吸收更多的方法论，导致彼此相互抵消反而降低效率。从这个角度看，掌握真理的人通常都具有辩证思维和极高的悟性，他们更容易作出果断的决策，而不是成为一本包罗万象的百科全书。

华为的"从贤不从众"是指华为会听从民众的意见和建议，但不会盲目地事事听从，因为民主可以办善事，也可以耽误事。在市场竞争的关键节点上，企业的管理者必须要迅速作出重要的决定而不能优柔寡断，这是一个企业具有冒险精神和开拓意志的表现。因此，华为推崇的"贤"是那些能够提出科学论点并具有创新思维的人，并不一定是业务层面的，也包含道德层面和思想意识层面。

华为的观念是，组织者一定是比实际干活的人对企业贡献更大，因为他们能够将基层的骨干力量整合到一起，发挥出他们各自能力的总和，华为也正是凭借这种严丝合缝的管理创造了今日的成就。

任正非认为，民主要正确看待，民主不能是极端民主化"大民主"，而是应当让上级和下级频繁沟通，能够在平等的氛围中互相交换意见。如果一个企业盛行"大民主"思想，就容易让人们欲望膨胀，难以实事求是。因此任正非说："我们会越来越放开对正确问题民主讨论的环境，但是对不正确的东西我们会越管越严。只有对不正确的东西管严了，才可能有步骤有幅度地放开。如果控制不住，我们就不敢放松，就只能管死。"

华为的干部选拔经验证明，那些具备了丰富知识和经验的人才有资格当领导人，然而他们很难从员工中挑选出来，因为民众的选举有时候会受到个人感情、个人偏见等因素的影响，如果放开了选举，当选的可能不是最有才干的人而是人缘最好的人，他们未必能肩负起企业发展的重担，因此需要依靠更有经验和能力的人进行挑选，这就是民主和"独裁"相结合的重点所在。

事实上，华为追求的民主和"独裁"都不是绝对意义上的民主和"独裁"，更不是西方式的"以人为本"，而是一种实事求是和追求合理的辩证统一。在华为初创时期，正是依靠着任正非等少数几个人的胆识和智慧才有了华为的今天，而不是依靠着大众的力量，这就是精英分子的力量。所以，任正非也承认华为成立的前10年中是"独裁"管理，因此他才组建了委员会决策制度，目的就是淡化个人光环，缩小个人威望的影响，凸显集体领导的重要作用，从而提高决策的科学性，避免一言堂。从这个角度看，华为的委员会决策制度是民主集中制的体现，代表了华为的权力从集中化逐步走向智慧化。

华为的决策机制走向规范化和制度化，是对"独裁"依赖的土壤的一种淡化。为了进一步减少战略决策失误，华为在2003年成立了与国际管理接轨的董事会下的EMT经营管理团队和四大委员会决策组织。在这个组织当中，董事会是华为最高的决策权力机构，董事会下辖的四大委员会将协助董事会对公司经营管理团队的指导和监督工作。这种全新的决策组织的成立，意味着任正非不想巩固自己的绝对领导权和地位，而是要将人格魅力、牵引精神当成领导者树立威信的关键，在华为培育一种富有人文色彩和科学民主精神的氛围，推动华为的管理体制进一步走向成熟。

任正非说："如果我一直抓着权力不放，个人权威越来越强，这样可能对我个人来说是很兴奋，得意扬扬的，因为这样我的权力很大呀！但公司就危在旦夕了……"显然，任正非一直在谋求建立一个生命周期漫长的公司，而他也深知一个合理的决策组织与制度的重要性，它能够推动华为不偏离主航道，摆脱对人力资源、技术资源等因素的依赖，从"人治"走向"法治"。

华为的决策组织与制度的确立，是华为历经多年管理实践的结果，也是华为企业为实现战略的最终追求，它并非执迷于绝对的正确和绝对的完美，也不是盲目地依从真理，而是立足实际、脚踏实地地遵循辩证法的思想精髓，以自然规律为根本促进企业决策的科学化与合理化。

坚持民主生活会，这是华为恪守了多年的优良传统。华为每3个月或者半年，都要在中高管理层中进行一次民主生活会，把平时不敢讲或者不方便讲的话都说出来，帮助华为解决问题。而且，任正非明确提出：不准对提意见的人打击报复。比如在开会的时候，如果有些问题比较尖锐，不好在被批评者的面前让他当众出丑，就会让当事人到外面休息一下，然后大家伙尽情讨论，讨论完毕之后再告诉这个人需要改正哪些问题。有了这样的良好作风，员工就不会担心被主管穿小鞋。

和其他企业相比，华为拥有一个独特的企业传统——民主生活会。它是华为用来自我批判和反思的载体之一，也是具有中国特色的组织内实现民主化的手段，华为通过这个特殊武器完成了企业的自我超越。

尽管华为一直努力学习现代西方的企业管理模式，不过在企业民主化这个问题上，华为更倾向于东方式的方法论。以民主生活会这种自我批判的组织活动为例，在西方文明是很难见到的，因为西方人的观念中回避在团体中暴露隐私，除非你面对的是上帝。因此，西方式的民主化更侧重于进行组织批判而不是个体反思，通过制度来约束人性中的负面因素。正因为这种文化差异，华为选择了中国人更易接受的自我批判形式推进民主。

在企业管理中，适当的话语权会让员工产生被尊重的感觉，适度的自我批判也能增进团队的融合，让每一个个体更热衷于服务自己的团队。相对地，让权威的管理者做重要决策，让有经验和能力的决策团队制订大方向的战略计划，并非否定执行团队中个体的存在价值。企业中的民主和"独裁"的正确关系是：一定的民主意识是确保企业健康发展的必要条件，而非完全式的推行民主。

民主是美好的管理概念，而"独裁"也是妖魔化的认识，从主观愿望上看，人们更容易接受民主而摒弃"独裁"，然而从实际的案例中，完全民主的企业十分罕见，也不会有比"'独裁'企业"更长的生命周期，那些我们熟悉的企业似乎都和我们想象中的"自由平等"相差甚远，所以有人提出更先验性的观念：没有民主并非"独裁"，只要让那些优秀者具有一定的话语权且受到足够的重视，就已经实现了民主。

团队荣誉大于个人成就

相传，佛祖释迦牟尼曾经考问弟子："一滴水怎样才能不干涸？"弟子思索片刻无法回答，释迦牟尼说："把它放到大海里去。"释迦牟尼的这句话流传至今，提醒人们要重视集体的力量。难怪有人认为，世界上有两个组织是非常强大的，一个是军队，另一个是宗教团体。因为军队将使命放在第一位，宗教团体将信仰放在第一位，士兵为使命牺牲是一种荣誉，而宗教成员为信仰而死是一种光荣。那么，使命和信仰是什么，是能够让组织不断延续的文化。如果继续深入分析，会发现使命和信仰的背后是军规和教规——都是高于个人利益的制度，它们不因个人而存在，也不会为了人性化而随意修改，这就是团队的力量所在。

从企业的角度看，团队的价值观管理永远都是团队管理的核心动力。正如狼在捕捉到猎物之后，每个参与捕猎的成员都能分享到肉，这就是狼群中的规矩，这个规矩让狼这一物种从远古延续到今天，同理，国家想要长治久安，需要一支战无不胜的军队，企业要想长盛不衰，也需要一支能征惯战的团队，而团队的荣誉要大于个人的荣誉，团队的利益也高于个人的成就。

华为一直用"毛泽东思想"作为团队管理的重要指导原则，建立了一支强大的工作团队以及团队文化。华为曾经以狼性文化著称，强调群狼合作的战术，虽然外界褒贬不一，但正是这种打法让华为进入了快速的企业发育阶段，奠定了华为实现国际化的根基。

华为的团队管理分为人性化管理和精细化管理。华为对团队成员的要求十分严格，仅从实际收入上来看，华为的员工待遇较高，加之人性化管理的优势，让华为的员工在心理上有很高的幸福感和满足感，从而增强了整个华为团队的战斗力和凝聚力。

准确地讲，华为是一个半军事化管理的企业，尤其是在大型软件集成项目团队更是体现出这种风格，建立了严格的现场纪律要求，比如办公桌要求整齐、工作时间不得登录无关网站等，这些条款都有不同的扣分机制，奖罚分明。除此之外，华为的绩效考核也十分严格，在一个三四十人的项目团队中，一个需要承担具体技术工作的基层管理者能够直接管理的人数不超过6个，构成了华为内部最基本的工作单位，这是根据多年的人员管理经验确定的下限。当年团队有了进度计划之后会在项目经理的监督下考核执行情况，基本上每天都要检查组员的工作进展，一旦发现问题会尽快采取措施，防范潜在风险。

华为的团队参与机制是全员上阵，这不仅能够集合优秀人才的合力，也能够极大地提高员工的工作积极性，而精细化管理能够让团队成员各司其职，也能分担团队负责人的工作压力，减少人力成本的浪费，为此，华为强调六大原则。

第一条原则，全员参与。

全员参与团队管理是华为独特的管理模式，每个团队中都会任命一些团队管理服务的角色和职务。比如纪律考勤员、配置管理员等，通常团队越大，各种基础性和协调性的管理人员就越多，他们以责任分工界面的形式明确下来，提高了每个人的主人翁意识，让他们不单纯为工资而工作，更是为实现华为的愿景而奋斗。

在每一个小团队中，负责人会经常根据项目任务进展需要、组员的能力状况，让不同的组员牵头做一些专项主题工作，目的是让团队成员从心理上感知到被信任和被认可的满足，让他们抛开个人利益，站在团队的立场上去工作，以更高的热情和积极性参与到日常管理和各类项目中，以团队成就的自豪感代替个人成就的自豪感，以团队的最高利益涵盖成员的个人利益。

第二条原则，轮岗制度。

华为的决策层有轮值 CEO 的制度，同样在华为的其他团队中也有流动轮岗制度，这是为了培养员工通观全局的横向能力。在每一个团队中，为了不让员工局限于本职工作，拓宽他们的视野，会让不同岗位的员工轮流参与到各项工作中。比如，做业务保障的可能会从事维护工作，让他们全面提升工作能力，快速成长为团队中的中坚力量。

第三条原则，新员工导师制度。

为了提高新员工的成长速度，华为的很多团队中都会设置"新员工导师"这类角色，让那些处于试用期的新员工在导师的监督和指导下快速完成角色转变和工作环境的适应。此外，导师还要为员工安排比较充实的学习和工作任务，让他们尽快适应华为的快节奏工作环境，导师每个星期都要提交导师周报给团队负责人，向他们反映新员工的表现状况，还要计划下星期指导的重点并对新员工作出能力评估。一般来说，导师的评估决定了新员工是否能转正。在导师专门化的指导下，新员工也会对未来的职业规划产生明确的方向感，能够尽快适应新的工作环境并融入团队中，塑造为适应华为企业文化氛围的合格员工。

第四条原则，日常娱乐活动。

华为崇尚将精细化管理和人性化管理相结合，以这种形式提升团队的集体荣誉感和战斗力，为此专门拿出一部分经费用于开展娱乐活动，活跃团队的工作气氛。比如户外拓展运动、海上游等，这些活动能够让团队成员增长见识并增进彼此的感情，加深他们对团队的认同感和归属感。另外，当员工过生日时，团队还会组织集体生日聚会，让每个人都感受到家一样的温暖。

第五条原则，民主生活会。

团队通过每月召开一次的民主生活会，员工一边喝茶一边吃水果零食，由团队负责人对整个项目的当月及逆战情况进行回顾并安排下个月的工作计划和目标，生活会的组织者还会鼓励大家参加一些对工作有益的认证考试，还会在生活会现场进行表扬和激励，让每个成员都感受到为团队做贡献的荣誉感。除此之外，在民主生活会上还会组织成员进行批评和自我批评，团队负责人要求成员各自写出三条自身需要改进的方面和两条其他小组或项目负责人需要改进的内容，对此进行详细的阐述，这样做既能检讨自身工作的不足又能帮助其他团队发现问题，让小团队和小团队共同成长和提高，并通过开诚布公的方式拉近了团队成员之间的工作友谊，消除隔阂，提高工作效率，增强日后合作的默契程度，在华为内部形成了具有华为特色的优良传统。

第六条原则，例行沟通。

单靠每月一次的民主生活会，是不能够及时查漏补缺的，华为在团队管理上推崇例行沟通这个良好的机制，让团队成员定期找时间和团队成员展开例行沟通。沟通的内容是和当事人回顾上一阶段的工作状况并肯定其工作业绩，还要对当事人的某些工作不足提出指正，敦促他们尽快提升个人能力。同时，例行沟通也会让成员及时反映在工作中遇到的问题以及意见，让团队负责人充分了解每一个成员的工作状态和思想动态，进行有针对性的帮扶教育，增强他们对团队以及华为的黏着度和认同感，提高人员的稳定性和凝聚力。

网上曾经流出一份华为内部的文件：为了激发员工斗志和团队的战斗力，特批准荣耀品牌手机单台提成奖金方案，将根据销售的数量获得提成，当员工完成华为制定的利润额度之后，服务用户越多奖金就越多，上不封顶，23级（数字越大级别越高）员工的奖金曾达到百万量级。

一个企业就是一个巨大的团队，在这个大团队中会衍生出很多小团队，华为在判断一个团队强弱的时候首先会观察其团队搭配是否合理以及团队氛围是否和谐，其次才是成员的个人表现。因为优秀的团队不是由一群同样优秀的人组合成的，而是能够容纳不同类型的优秀分子，让每个人的优势得以发挥，再让他们将团队荣誉放置在个人成就之上，才能真正发扬集体精神，推动企业这个巨大的团队保持高昂的斗志勇往直前。

能接受企业价值观的才是好干部

企业都想拥有一批绝对忠诚的干部和员工，然而真正培养起来却往往找不到抓手。尤其是作为骨干力量的各级管理干部来说，他们的忠诚度不仅影响着自己也会影响着手下管理的员工。

华为的干部培养标准是，只有接纳了华为的核心价值观，才能保持对华为的最大忠诚度。这是一条核心标准，也是决定了干部价值大小的关键。华为需要的干部是能在核心价值观方面与华为高度契合的人，也就是华为所说的"同心人"。只有真正接受了华为的核心价值观，才能在发生关键事件、突发事件、组织利益和个人利益产生冲突时保持正确的立场和行为。

所谓"关键事件"和"突发事件"是指当华为的经营出现危机时、当华为需要进行战略性决策时、当华为调整业务和员工管理政策时以及华为需要干部员工牺牲一部分个人利益时，能否在种种矛盾中表现出鲜明的立场和坚持维护华为的原则，只有做到这一点才能真正发挥干部的领导力作用。

任正非说："世界上一切资源都可能枯竭，只有一种资源可以生生不息，那就是文化。"事实上，最高明的干部管理策略就是以文化为内驱力，以制度为体系，才能起到活化人力资源效能的作用。为此，华为在干部管理上坚持六大原则。

第一，华为的干部不是终身制。

华为力主消灭干部中的"中间分子"——那些没有实践经验也不能理解华为企业文化的人，这种人会在企业内部产生不良的行为，最终成为企业失败的隐患。华为将这些中间分子送到基层接受锻炼，让他们成为自然领袖并确立在团队中的威信和地位。终身制的干部对他们成长极为不利，华为提倡让干部进行"之"字形成长，也就是一种蜿蜒曲折的成长方式。

任正非曾经用"喜马拉雅山的水流入亚马孙河"做比喻，强调干部必须流动起来，一个地区成功之后就要让有能力的干部输送到另一个地区，复制并推广他们的经验。在华为看来，一个人如果在研发部门都做过管理者又在一线和客户打过交道，有着丰富的工作经历，那么在遇到问题时就能够考虑得更多，能够站在企业业务流程的视角去审时度势，不会犯本位主义或者经验主义的错误，能够放开思路，这才是华为最需要的干部类型，有他们的存在才能将华为凝聚成一个强有力的战斗集体。

任正非曾说：干部和人才不流动就会出现板结，会让机关和基层脱节，如果形成阶级，那么华为迟早会分裂。因此任正非一直强调干部和人才的流动性，要能破格从有成功实践经验的人中选拔干部；推动优秀的、有事业心的、意志力强的干部遵循"之"字形获得成长，为华为储备大量的将帅团队。"之"字形成长体现的是心理学所讲的"挫折教育"，让一个干部经受足够多的考验，从而磨砺自身的意志和能力，为团队贡献最大的力量。

第二，华为的干部管理以制度为纲。

华为制定了严格的流程责任制，这是为了最大限度地调动中下层干部的工作积极性，让他们在合理的职权范围内及时作出正确的决策，排除掉那些论资排辈的不良思想，增强团队组织内部的沟通能力和协调能力，将这些制度视为选拔干部的导向。华为始终坚持以有效增长、利润、现金流等内容为起点的考核，只要不能达到公司人均效益提升改进平均线以上的都要进行问责。

华为不放弃"以客户为中心、以奋斗者为本"的企业文化价值观，就是利用文化的力量引导干部成长。为了企业的发展前景，必须让那些不合适的干部去适合他们的工作岗位上，因此华为对12级及以下人员的考核做了调整，进行绝对考核，然而对13级及以上的"奋斗者"进行相对考核，也就是说会放宽考核的尺度，尤其是对担任行政管理职务的人必须实行末位淘汰制，因为不淘汰会让他们获得更大的好处。只有将制度确定好，才能明确组织定位，华为在流程运作流畅之后会按流程的岗位条件筛选干部。

第三，华为的干部没有"免死金牌"。

华为不可能保持着永恒不变的发展高速，而每个人的素质、学习能力都不同，无法做到步调一致地成长，对公司的贡献在同一时期内也各有不同，所以干部必须要能上能下：状态好的先上来，状态差的先让位。这也是华为干部管理的优良传统。华为不会保留那些"沉淀分子"——无法为华为作出贡献的人，对待他们只能直接撤换或者辞退，这样才能建立一支高素质的干部队伍。要保持华为的长治久安，就必须践行正确的干部淘汰机制，无论是高级管理还是创始人都可能被淘汰掉，他们不会因为早年作出的贡献获得"免死金牌"，他们同样要接受残酷的选拔淘汰机制，可能会从高级干部转变为普通员工。只有建立这种公平的筛选制度，才让华为的未来更有希望。

从另一个角度看，干部的能上能下体现的是一种"模仿效应"（一个人的行为可能会影响到周边人）。当华为的干部在多个岗位工作过之后，他才能更多地吸收到别人身上的长处，从而将个体化的优势转化为团队化的优势。

第四，华为的干部需要有心理承受能力。

对于那些降职的干部，华为会做他们的思想工作，让他们在新的工作岗位上认真反思，减少怨气，用实际行动证明自己，以求来日的进步。在华为看来，企业发展过程中难免会让一些人蒙受委屈，这种委屈只是暂时的，所以华为提倡"烧不死的鸟是凤凰"的精神，这是华为对待遭受挫折的干部的态度和准则。只有具备了相应的承受能力才能成为华为的中坚力量，而干部的命运并不掌握在企业手里而是他们自己手中。作为"火凤凰"要以平常心面对企业的改革和岗位调整，要能够以大局为重。如果华为的干部不能认清个人得失和企业最高利益的关系，就会造成队伍管理的混乱，最终损害企业的长远利益。

第五，华为的干部要具备办事能力。

孔子有云："其身正，不令则行；其身不正，虽令不行。知人者智，自知者明。"一个优秀的企业领导者，单单具有指挥能力是不够的，还需要有强大的执行意识，也就是说能够率先垂范，身体力行，这样才能渐渐地引导员工树立坚定的执行意识。华为要求干部能够脚踏实地地做事，有强烈的服务意识和社会责任感，能够在实践中不断提升驾驭自己的能力。

华为提倡干部尽量亲自动手做具体的事，这是要求他们以身作则，不要退化奋斗者的本性，而对那种无事可做的、不知道如何下手的干部必须要调离岗位。华为要求干部必须要具备自我提高的能力，这样才能适应时代的变化和华为自身的发展，才能充分理解企业的核心价值观，能够倾听不同的意见，对部下进行指导和帮助，以真诚的心态面对，以此来弥补在工作中的某些失误。任正非曾经给华为的某些干部送皮鞋，当时很多人不理解其意，任正非委婉地表示：有些干部不愿意去基层走动，可能是爱惜自己的皮鞋，所以才送给他们新的。后来，任正非将干部的鞋底磨损程度当成年度评比的一项内容，目的就是敦促干部们多去现场，多和一线员工接触，不要做只会看报喝茶的"官老爷"。

第六，华为的干部需要具备领导艺术和良好的工作作风。

华为是一个强调批评和自我批评作风的企业，这个理念从高层一直传递到基层，华为允许员工对自己的管理者或者部下进行批评，反对干部充当"老好人"，因为如果人人都缄默不语或者报喜不报忧，企业的管理就无从做起。一般来说，企业变革的阻力都来自管理层，所以干部必须以正确的心态直面改革，改革从利益分配的旧平衡逐渐走向新的利益分配平衡，在这个动态平衡的过程中能够促进企业核心竞争力的提升，当然干部的利益也许会受到一些损害，但必须站在企业发展的角度出发，以正确的心态坦然接受，以批判的眼光审视自我。

华为原本就处于组织变革的阶段，干部的职务和职权会随时发生变化，所以华为要听取管理层的倾诉，但也要求服从，否则变革无法进行，只有当企业变革步入正轨之后，华为才有可能按照干部的意愿及工作岗位的需要，接受他们的调整愿望。

很多企业发展到一定规模之后，都会在干部选用的管理过程中遭遇各类问题，如果使用简单的理论进行指导，那么出现新问题时就无从下手，反而会引发意想不到的麻烦。华为深刻地认识到干部管理的根源在于企业价值观念的普及程度和推广深度，所以时时处处用文化的力量去推动干部体制的改革，不断给那些产生懈怠心理的干部输血打气，提高他们对抗风险和挫折的能力，也就从客观上增强了华为自身的"免疫力"。正如任正非所说，世界上任何一种资源都可能会最终枯竭，但是源自人内心的力量是能够被不断激发的，这需要一种良性的企业文化去整合，这正是华为的高明所在。

第四章

赢在毫厘——华为决胜市场的要素

技术为王和市场为王

比亚迪曾经是一个名不见经传的国产汽车品牌，然而经过多年的努力奋战，成为国内研发新能源汽车的领跑者。比亚迪信奉"技术为王，创新为本"的准则，致力于推动技术与业务模式的创新，自主研发了双模技术、轮边驱动、遥控驾驶等多项技术，技术专利超过 1 万件，有 1.6 万名研发人员。目前在世界范围内拥有 20 多个生产基地，拥有从动力电池到整车生产的完整产业链。比亚迪的新能源汽车已经遍布全球六大洲 48 个国家和地区，成为国人引以为傲的汽车品牌。正是因为尊崇"技术为王"，才让比亚迪在众多国际品牌的碾压下逆境求生，凭借领先的技术异军突起。

人类社会的进步依靠着技术的发展，技术和每个人的生活都息息相关。从本质上看，技术是为了满足人们的需求而存在的，能够解决人类最基本的两个问题：做什么和怎么做。技术和科学的表现形式不同，技术通常以工艺流程、设计图等方式被人们感知，而科学的内涵更复杂也更抽象。技术和科学产品相比更侧重商业价值，技术成果能够转化为经济效益，特别是在当代商业社会中具有更明显的功利色彩。

和比亚迪相比，华为也是一家技术型企业，因为深知技术的重要性，华为才确立了以核芯技术作为开拓市场的主要手段，帮助华为在智能手机市场杀出一条血路。

华为在芯片领域以"针尖式"创新不断产出技术成果。众所周知，芯片是需要长期积累和投入的高科技产品而且存在着较大的投入风险，但是华为却敢于在这个领域深耕 10 多年，正如任正非说："我们只可能在针尖大的领域里领先美国公司，如果扩展到火柴头或小木棒那么大，就绝不可能实现这种超越。"华为正是秉承了技术为王的创新策略，才能不和其他厂商发生利益上的冲突，等于将自己的车避开了对手的路线，能够以最快的速度保持领先优势。

现在很多中国的消费者都很在意国产手机的芯片处理器，因为在过去相当长的时间里，这项技术几乎被外国厂商牢牢把控，国内厂商没有话语权，只能长期位于产业链的下游。在华为手机进入市场之后，凭借高瞻远瞩的视角，调动全部资源自主研发"中国芯"，帮助华为在和其他手机品牌竞争时占据了优势和主动。目前，华为研发的麒麟处理器，已经能够和高通、苹果的处理器站在相同的起跑线上，让很多中国消费者产生畅快淋漓的自豪感，彰显了华为的挑战精神。

除了自主研发芯片之外，华为还加强了外围技术的攻坚。2009 年，华为启动了 5G 研究计划，在 2012 年巴塞罗那通信展上对外展示了 5G 原型机。根据华为对外透露的信息可知，在 2018 年年底之前，华为将致力于 5G 标准化的制定，而到了 2019 年将会进一步推动产业链完善并实现互联互通测试，到 2020 年将正式投入商用。

"技术为王"并非任何企业都有资格高喊的口号，它需要企业投入大量的研发成本并能保持恒久的耐性，体现出很多国内企业所缺乏的钻研精神。当然，技术不是企业标榜科技含量的招牌，而是探测市场"天花板"的重要工具。

技术是生产力，是体现产品核心价值的表现，能够给消费者的生活带来便利，对时代的发展也起到重要的推动作用。华为对专利技术非常重视，华为手机能够在销量上超越OPPO、小米这些国产品牌，在于它在国外市场的巨大出货量，使得在国内同样销量很大的小米和OPPO望尘莫及，因为它们受制于专利无法在国外市场走得更远。因为掌控了专利，华为手机在国内外市场如履平地，免去了许多后顾之忧。

在华为成立之初，任正非就时刻强调自主研发为主，多次提醒华为的员工："对核心技术的掌握能力就是华为的生命。华为的目标是，把技术作为核心竞争力去赢得超过10%的制造业利润率，逐渐取得技术的领先和利润空间的扩大。"与此同时，华为也确定了以客户为中心的创新指导思想，将技术和市场当成双驱动因素，让产品既具备技术含量又能满足消费需求。

在国外的一个村子里，有两个年轻人：一个叫柏波罗，另一个叫布鲁诺。一天，村里决定雇他们将附近河里的水运到村广场的水缸中，按照每桶水1分钱的价钱作为报酬。很快，布鲁诺提着水桶工作去了，他每天能提100桶水，赚1块钱，对这份工作十分满意。然而柏波罗却不喜欢这种重复、机械的工作，他计划建造一条管道将水从河里引入村里，尽管这个计划需要克服很多困难，然而柏波罗始终坚信梦想会实现。在柏波罗忙碌的前几个月里，他的工作量比布鲁诺更多，而布鲁诺却依靠报酬买了很多东西，过着轻松自在的生活。随着时间的推移，柏波罗的管道工程终于完工，水从管道中源源不断地流向村子，让附近村子的人也都搬到这里，促进了村子的繁荣。柏波罗从此不用再做提水桶的工作了，因为无论他是否工作，水都能源源不断地流进来，他的收入也越来越多。

显然，布鲁诺是一个不懂市场的人，他只看到了提100桶水能赚1块钱，却没有看到更大的市场——村民以及附近村庄的人对水的庞大需求量，即便他力气再大，每天能提 1000 桶水也无法满足这种需求。相比之下，柏波罗认清了真正的市场不是"提水"而是一劳永逸地解决饮水问题的方案，而消费人群也并不局限于本村人还包括外村人。简而言之，崇尚"市场为王"的柏波罗成为最后的赢家。

正如信奉"技术为王"一样，华为也推崇"市场为王"这一指导原则，华为意识到，要想让消费者心甘情愿地掏钱，就必须把产品和服务做好，在研发技术的同时不忘记开拓市场。正因为华为坚守了这条原则，才能在初创时期就有了飞速的成长。

任正非说："客户要什么，我们就赶快做什么。"在他看来，国内一些企业或者是重技术而轻管理，或者是重技术而轻客户需求，然而真正影响市场走向的恰恰是客户的需求，而技术只是实现需求的手段。所以任正非希望华为能够转变思路，做"工程商人"，将营销和技术充分结合，就是在研发技术的同时开拓市场。

技术也是彰显产品档次和企业价值定位的一种表现形式，一个只谈性价比而回避技术含量的产品是不会在技术上有所突破的，特别是科技类产品，因为哪怕一丁点的技术进步都需要前期巨大的投入。从这个角度看，越是性价比高的产品，其科技含量的指数就越低，或者是科技含量指数高却不是始作俑者，自然也无法提供给消费者良好的使用体验，更不可能为企业品牌在市场上赢得生存空间。

华为之所以能在国际市场上开疆扩土，一是因为不断地投入研发资金和力量，一次次取得了创新突破，而这些创新的成果恰恰是消费者迫切需要的；二是因为摸清了市场的本质，将客户针对性地划分为高端市场和中低端市场，面对不同的消费人群采取不同的市场策略。

以华为的智能手机为例，有价格直逼苹果的高端机，也有千元上下的亲民机，这就是华为利用技术为杠杆，利用市场为度量衡作出的必然选择。对智能手机的低端消费人群来说，一部手机能接打电话，能上网，能拍几张不那么模糊的照片似乎就可以了，但是对有更高要求的人群来说这只是最基本的功能，高端人群更看重手机的工艺水平、文化内涵以及其他附加价值，也正因为高端人群的"挑剔"需求，华为在这个领域所投入的精力会更多。

由于在"技术为王"和"市场为王"之间找到了交叉点，让华为的商业思路始终保持着清醒的状态。华为发力高端智能手机，正是在认清市场需求的前提下驱动技术进步的决策。因此，华为从 2006 年开始就自主研发手机芯片，通过掌握核心技术打造移动互联网时代的竞争优势，经过 10 年时间其手机芯片研发遍布全球多个地区，在无线算法、射频技术、图像处理等多个核心技术领域都有所建树。

有些国产手机品牌并不理解华为的做法，认为投入大量资金研发芯片是不懂得扬长避短，事实上，这是华为用自主优势变相抢占市场的策略，也是抵抗国外芯片制造商控制产业链下游的防御手段。

任正非很早就认识到技术是竞争力和生命力，这也是现代企业战略管理的普遍认识。在 20 世纪 70 年代，世界性的技术革命浪潮已经推动了高技术企业的发展，技术成为确定企业经营业务和竞争策略的关键策略，将企业的未来和技术紧密联系在一起。与此同时，企业的市场策略也随着经济一体化的格局铺垫而发生了变化，这就需要企业在技术和市场的双重摆动中寻找最稳定的位置。华为正是辩证分析了技术和市场的关系，才在认知领域超过了多数竞争对手，能够俯瞰更加广阔的蓝海市场。

《华为基本法》的第一条就明确规定："为了使华为成为世界一流的设备供应商，我们将永不进入信息服务业。通过无依赖的市场压力传递，使内部机制永远处于激活状态。"由此可见，华为坚持用技术为市场开拓增加胜算。只有掌握自主创新开发，依靠先进技术就是核心竞争力，这就是技术占领市场的核心奥义，也是华为一直坚持的竞争战略。

　　未来的市场竞争一定是知识产权的竞争，知识将超过资本成为更有话语权的决定力量，而对市场的洞悉和探索将为知识经济的发展提供依据。作为一个与国际企业竞争的科技公司，华为深知：不能掌握先进的技术就没有生存的权利，也无法走在时代最前沿。因此华为要求每一位员工像爱护眼睛那样重视技术，也不断磨砺团队掌握开拓市场的营销技能，无限延长华为的企业生命周期。

丢什么也别丢掉客户

一家公司准备招聘一个销售主管，给应聘者出了一道考题：把梳子卖给和尚。一些应聘者听了之后直摇头，他们认为和尚连头发都没有要梳子做什么呢？于是纷纷都拂袖而去，最后只剩下3个人接受测试。测试结束后，面试官问第一个回来的应聘者："卖出去多少把梳子？"应聘者说只卖出去1把，随后讲述了他卖梳子有多么辛苦，遭到多少次拒绝和白眼等，面试官只是微微一笑，一言不发。紧接着，面试官又问第二个回来的应聘者："卖出去多少梳子？"应聘者说："卖出了10把。"面试官面露喜色，问他是怎么卖出去的。应聘者说他在庙里转了一圈之后，对和尚说，过来拜佛的人都心存敬意，难免在来的路上头发乱飞，这样对佛祖是不敬的，如果买些梳子给香客们梳理头发岂不是更好。和尚听了觉得有理，就买了10把梳子。等到第三个应聘者回来时，面试官问了同样的问题，应聘者说："卖出了1000把，而且还不够呢，和尚说再要10000把。"面试官大为震惊，问他是怎么做到的。应聘者说："虽然和尚回答说不需要梳子，但是我告诉和尚说他是得道高僧，书法造诣很深，如果将他的字刻在梳子上，写上'平安梳'送给香客，就能在弘扬佛法的同时又弘扬了书法，如果再给梳子开光，成为善男信女们的护身符，就起到了保佑香客平安和弘扬寺庙声望的作用，所以和尚决定大批量购买。"

　　第一个应聘者并不是愚笨，而是被传统思维束缚，无法接受现代营销的理念，不能很好地寻找客户的潜在需求，所以失败。第二个应聘者站在了为客户着想的立场上，不过他还是不能将产品（梳子）的概念放开，所以开拓的市场和客户十分有限。第三个应聘者，他不仅成功运用了营销学的精髓理论，还将产品的概念外延无限放大，让梳子不再是梳子，而是成为护身符、书法载体、寺庙的宣传广告，充分挖掘了客户的潜在需求，将客户的价值最大化，于是就获得了巨大的成功。

　　当今的企业需要接纳现代营销理念，关键在于抓住客户的潜在需求，因为当前社会正是一个讲究需求的社会，无论是互联网、物联网还是云服务、大数据，都以眼花缭乱的形式让用户有些茫然，很多人甚至不知道自己的真实需求是什么，因此挖掘客户需求、为客户创造需求才符合现代商业理念。产品如何让用户产生价值，在于提供给用户多大的服务，只有将服务的层次不断提升才有机会锁定客户的真实需求。面对当前海量的客户数据，想要准确定位客户的需求并不容易，这就需要企业广泛、深度地接触客户，了解他们的社会属性、职业背景、生活习惯以及消费记录等有价值信息，从而精确地锁定客户需求，投其所好。

　　有人曾经做过这样的统计：从客户到研发人员的信息传递，通常要经过至少 10 个人，其中信息衰减将超过 80%，也就是说经过多层次的传递，一线调查的实际客户需求传到企业的决策层就会彻底走样。因此，企业在收集客户需求的相关信息时，一定要注意信息的原始性，错误地理解客户的需求还不如不理解。为此，华为多次强调要拿出当年驻守在客户机房时的工作作风，多去一线了解客户的需求，避免想当然。

　　现代企业营销的核心观点是以客户为中心，而客户关系管理通过管理客户信息为客户提供满意的产品和服务，和客户之间建立起长期稳定的密切关系。对企业来说，客户是所有活动的起点和归宿。只有建立起高效的客户关系管理才能建立企业和客户的良好关系，从而创造出更大的经济效益和竞争优势。

华为早在创立初期就提出实现客户的梦想，成为华为上下的共同任务。华为将客户服务当成企业存在的唯一理由，也是最能凸显企业价值的参照物。企业的生存和发展需要经济价值，而只有满足客户才能达到这个目的。华为能够生存到现在依靠了客户需求，为客户提供所需的产品和服务，只有帮助客户实现他们的利益才能让华为在利益链条准确定位。

任正非在1997年访问了美国的休斯公司、IBM、惠普以及贝尔实验室4家跨国公司，这时才意识到华为存在着重大的局限性，为了打破瓶颈，拓宽企业格局，先后和IBM、合益等知名企业进行合作，而在这一系列的改革措施中，最重要的一个目的就是依靠客户拉动企业的经济增长点，为消费者提供真正的"端到端"服务，打造更快捷、更有效的产品和服务，推动华为的国际化进程。

华为一直将"以客户为中心"作为企业的核心价值观，从本质上看就是对客户需求的重视程度极高，因为客户是企业收入的主要来源甚至是唯一来源。企业依靠为客户服务产生收入，从这个角度看，企业的管理者并非企业的老板，企业的客户才是真的老板。所以，企业的组织和人员都是通过实现客户价值为基础的，为客户创造价值的企业才有生存的意义。

不同的客户需求源自不同的社会属性，这种状态差造成了选择差。华为为满足客户利益而存在，同时与客户共同发展，建立了正确的需求发展观。反观一些轻视客户需求的企业，他们以成就自我为目标，最多一时取得成功，但不会和客户建立长久、深度的联系，企业存在的价值也十分有限。

当然，以客户为中心并非盲从客户，在汽车发明之前客户会想要一辆汽车吗？他们只想要一匹跑得更快的马车，在手机发明之前他们想要的只是一台耐用的传呼机而已。因此，让产品真正打动消费者的关键点不在于单纯地满足，而是全方位地分析客户的需求，同时结合对市场的缜密考察和研究，对未来客户的需求走向作出准确的预判，这样才能开发出更有竞争力的产品。

为了科学地发掘客户需求，华为在企业的组织和结构中建立了战略与市场体系，将全部精力用在客户需求的分析上，同时基于客户需求确定产品投资计划和开发计划，满足客户需求来驱动企业战略的实施。华为在每一条产品线以及每一个区域中都建立了 Marketing（市场）组织，目的是满足客户需求，保证客户信息快速反馈到企业中并投入产品的开发路标之中。在华为，能够接触客户的组织是华为的"领导阶级"，形成推动华为优化自身的原动力。

华为有一条规则是：华为的设备用到什么地方就将服务机构建到什么地方。华为在国内 30 多个省自治区、直辖市和 300 多个地级市都建立了服务机构，这是为了了解不同地区的客户需求，从而作出快速反应，直接倾听客户对设备运用和使用等方面的意见。此外，华为还在世界 100 多个国家建立类似的服务机构，让相关工作人员频繁地接触客户，了解客户的需求以及在使用设备时遇到的问题，并对这些搜集而来的宝贵信息快速整合，让客户得到企业的反馈，在企业和客户之间打造强关系。

客户需求的本质究竟是什么？华为对此有一个深刻的认识：全业务端到端里去看客户需求，以客户需求为中心去构建经营客户的能力，构建华为自身的生产能力。简而言之，就是当企业的所有部门都以客户需求为中心时，就能很容易地生产出方便、易用、有价值的产品和服务，就能提升企业的品牌信誉，形成最有深远意义的客户服务战略。

任正非说过："企业管理就是抓住这三件事，客户、流程和绩效。"可见客户在华为的工作体系中位列第一。事实的确如此，企业管理千头万绪，每一条管理分支都有所侧重，只有抓取共性的、通用的要点才有利于全盘解决问题。对华为而言，客户是产品发展的路标，是企业探索市场的导向。

美国管理学大师彼得·德鲁克认为：企业的使命过去是、现在仍然是——创造顾客。这个使命是建立在黄金法则的基础上的，它是一种意味着崇高精神的企业发展愿景。正因为如此，当代很多企业都制定了以顾客为中心的使命阐述，乃至于成为企业法人的信仰。

尊重客户需求是华为的信仰，而信仰并非可有可无，其与企业的生死存亡有着密切关系。在对待客户这件事上，并不是所有的企业都能表示认同。没有灵魂的企业注定会变成行尸走肉式的企业，缺乏坚实的骨骼和丰满的血肉，势必会最终垮掉。当华为确立了以客户需求为中心这一路标时，就让华为找到了工作的出发点，华为的一切都必须随之而调整，让每一个华为人都能将客户视作上帝，绞尽脑汁地研究他们的潜在需求，形成了"以结果论成败、以价格评高低"的客户管理观念，催生了以流程化组织建设为中心的现代企业。

城市为点，农村为面

随着国家一系列农村政策的实施和城乡一体化程度的加深，农民的收入相比过去有了较大幅度的提升，直接导致了农村居民消费格局的变化，在农民增收、负担减轻以及消费环境改善等多重因素的作用下，农村市场各类产品的消费需求持续加温，尤其是在农村零售额方面超过了城镇，与城镇之间的销售差距逐渐缩小，为企业开辟市场、抓住客户提供了良好的契机。

华为一直紧跟时代的变化节奏，走上了迅速扩张的业务发展道路，不过和其他高技术企业的发展模式相反：华为在国内市场是从农村扩大到城市，在国外市场是从新兴国家扩大到发达国家，然而正是这种打破常规的做法让华为的市场拓展工作渐入佳境。任正非曾说："我们的责任就是无论在任何地点和任何时间都能够建起通信网。"这句话的深意就是华为不会放弃任何一块市场，因此华为在占领城市市场的同时依然没有忘记原有的战略要地——农村市场。通过在农村乡镇推广相对廉价的通信产品，华为巩固了在农村市场的占有份额并积累了技术和资金。

华为热衷于寻找一切商机，这是由华为的企业发展经历造成的。1987年华为初创时，城市常用的电话交换机市场由德国西门子、日本NEC等公司长期把持，国内还不具备生产同类型产品或者代用品的能力，迫于生存压力，华为只好将市场开拓的重点放在了农村，依靠着廉价产品提高了在农村的市场份额，同时还积累了技术基础和资金资源。除此之外，华为也不放弃城市市场，通过让通信商免费试用设备的形式提高了在城市的知名度和占有量。

1995 年，华为在上海拓展业务时遭遇了贝尔公司（中国高科技领域的第一家外商投资股份制公司，也是阿尔卡特朗讯的中国旗舰公司），原本想要拼死一战，却因为无法直接在程控交换机市场战胜对方，华为只好避实就虚，将竞争的重心放在东北、西北以及西南等经济相对落后的省市。在上述市场中，华为凭借来自通信电源销售的丰厚盈利对自家生产的 C&C08 机进行销售补贴，准备打一场价格战。

由于华为在创业阶段充满了艰难，赶上深圳大变革的年代，股市和楼市接连暴涨，让很多企业家都放弃了自己原本从事的实业而玩起了金融，然而任正非不为所动，将主要精力仍然投放在研发技术上，成为时代的一股清流。随着业务的开拓，华为在国内市场采取了先边缘后中心、先农村后城市的策略，在中国从相对偏远的东北和西北地区开始，逐步逐次地向一线大城市挺进，走了一条"农村包围城市"的路线，这也十分符合华为后发式企业的特征，能够规避自身综合实力的某些短板，将优势最大化。

虽然经过多年的发育和抗争，华为已经具备了在大城市生存的实力，却没有放弃农村市场的深耕。为了进一步挖掘农村市场的消费潜力，华为使出浑身解数获取用户的支持。2000 年春节期间，黑龙江的一个本地网交换机突然中断，由于这条网络上运行着多个机型，无法快速排查出是哪一部机器出了问题，于是华为马上派出技术员在 1 天内从深圳赶往黑龙江，经过认真的检查之后发现，原来问题并不出在华为的设备上而是其他厂商。为了帮助用户解决燃眉之急，华为将自己的接入网改接到另一部路由器上，恢复了通话，用户对华为积极解决问题的态度十分赞赏。

华为有一句口号："无论是 55 摄氏度的酷暑之下，还是零下 40 摄氏度的严寒之中，我们的设备都能够正常工作。"事实证明这并非华为说大话，华为在中东和非洲建立的数据中心就采用了具有冷却功能和隔热功能的设备，即便在沙漠也能让机器自由处理数据并提供通信支持。因此，华为有足够的底气将产品从城市推广到农村等任何地区。

在华为开辟了智能手机这一全新的产品线之后，加强了对农村消费群体的抢占。与此同时，感受到农村市场升温的 OPPO 和 VIVO 等国产手机品牌也大举挺进农村市场，依靠着"穷乡僻壤"起家的华为自然不会放弃这块阵地，将以荣耀为首的低端智能手机推向前线。

华为在第 14 届华为全球分析师大会上，总结了过去一年的业绩，同时介绍了未来的发展战略，其中最重要的一项决策就是：加强对三线以下城市渠道的覆盖，同时激活手机增值云服务和售后服务体验。

华为经过市场调查发现，在当今国内的农村市场中缺乏比较好的手机，虽然在一二三线城市中有很多大品牌，然而在农村乡镇却充斥了很多"华强北制造"的杂牌手机，无论是质量还是售后都存在很多问题，大有"劣币驱逐良币"的趋势。基于这种现状，华为认定大举进军农村市场的机会来临了，为了不打无准备之仗，华为和迪信通建立渠道联盟，强推三四线城市品牌，弥补了华为县级以下店面的短板，清理低质量的山寨机。

华为针对农村市场制定了差异化很强的宣传策略，在这一点上超过了不少竞争对手。在大城市，苹果、小米、魅族这类手机会通过灯箱广告、公交车广告、商场易拉宝等宣传媒介发布最新动态，每一个品牌的投入力度都很大，导致有限的宣传环境中投放密度极高，致使竞争激烈度逐渐上升，这还不包括在互联网上的各种软硬广告宣传。相比之下，农村市场不存在这些宣传媒介的生存土壤，因为农村的网络普及率要低于城市，接触的信息相对较少，因此华为采用了20世纪的刷广告宣传形式，打出了十分具有乡土气息的广告语，比如"荣耀7在手，全村跟你走""生活好了要享受，城里人会玩儿荣耀7更会玩儿"，读起来朗朗上口，贴近农村语言环境，宣传效果良好。

华为开拓农村市场也是为了应对竞争对手的策略调整，诸如OPPO和VIVO这样的新生代品牌，同样确定了"农村包围城市"的策略，成功超越了很多友商。对于OPPO和VIVO的迅速崛起，有人认为是一场"人民战争"的胜利，它们的成功得益于对三四线城市的深入布局和熟络的营销策略攻势。由于国产智能手机的主要销量来自三四线城市的线下渠道，因此华为也意欲通过这种摧枯拉朽的方式实施"农村包围城市"的战略。

华为在三四线城市和农村市场的争夺战，是华为新商业布局策略的体现。不仅是华为，阿里巴巴和京东商城也将市场的切入点锁定在了农村……可以看出这是新零售的大势所趋，体现了线下和线上相互融合的新态势。华为之所以进行市场战略的调整，是因为一二线城市高速发展造成了很多消费品处于饱和状态，相比之下三四线城市和农村具备了更大的发展潜力。

华为一面巩固和扩大农村市场的占有率，一面不忘全面铺开在城市市场的覆盖规模。农村市场是华为经济效益获得增收的"面"，而城市市场是华为推广技术产品而立足的"点"。

2015年7月30日，华为正式发布公有云战略，在多次城市攻坚战中取得傲人的成绩，为其他城市的云计算产业的发展树立了榜样。在华为和各地方政府合作的过程中，也在不断加固云计算基础设施时，逐步探索出适合城市云计算产业发展和推动当地经济转型的新模式。现在，华为和国内多个地区合作，建立了一张覆盖全国的云服务网，每个地区的云计算产业都独具特色，有的依靠自然资源，有的凭借地理位置，也有的占有特色产业。在推进农村市场和城市市场的同时，华为不仅深挖当地产业发展的潜力，也为当地的政府和企业提供云服务。

华为在拓展城市市场的过程中展现了两方面的独特价值：一个是为城市提供云服务，帮助城市实现"强政、惠民、兴业"的宏远目标，另一个是以云服务为核心驱动力，推动当地产业转型，打造了良好的云生态环境，为城市的可持续发展不间断地输出"云动力"。随着战略纵深的推移，华为将依靠高速、安全的网络将云服务资源充分整合，如构建全国视频大联网、国家气象大数据等服务，推动云计算和大数据产业在城市的发展，构筑具有开放性的城市产业生态圈。

华为通过"农村—城市"双向互动的策略以点带面，将一个城市的云基础设施资源投射到周边农村乡镇地区，从而推动整个地区的经济发展，比较典型的如克拉玛依、玉溪等城市。华为以云平台建设为抓手，服务当地行业客户，促进周边地区的经济发展，展现了云计算的综合能力，从一个点突破再到一个产业将其做到极致。随着城镇化的加速发展以及国家倡导优化城镇化布局和形态的大政方针的影响，华为的云计算和大数据也成为改革和完善城镇化发展体制机制、推动城乡发展一体化的重要业务领域，也促进了农村地区实现跨越式发展。

要精品不要次品

曾经有一个消失的电子产品叫作"上网本",这是英特尔当年提出的全新概念,上网本具有便携性强、价格低廉等优势,很多著名的 PC 硬件生产商都一度热衷生产这种廉价的笔记本电脑,广大消费者也表现出了极高的热情。然而,苹果公司却没有生产这种廉价产品的计划,反而推出了精工细造的 MacBook Air 系列笔记本。和上网本相比,它同样轻巧精致,不过价格昂贵,然而推向市场后依然获得了不少追捧者。在 2012 年年底,上网本已成昙花一现,市场迅速被苹果的 Air 系列笔记本抢占,很多硬件生产商也纷纷退出这块市场。

上网本的简短兴衰史提醒着人们:只有立足高端市场、做精品才能让自己更有竞争力,因为消费者的购买能力会越来越强,高端的电子产品才是最终的胜利者。高端市场并不只是比低端市场更赚钱,而是更能占据竞争优势,有着更强的生存能力和难以被取代的市场地位。昔日的手机王者诺基亚,长期专注于低端市场,而苹果专注于高端市场,结果在安卓手机成为搅局者之后,以疯狂的发育速度大举挺进二三线城市,让大批消费者放弃诺基亚选择安卓,而苹果虽然也受到三星等高端安卓手机的挑战,却依仗无可比拟的品牌价值仍然占据着霸主的地位。

任正非说过,再不可以忽悠中国消费者了。现在,很多商家喜欢将

"物美价廉"挂在嘴边，还在宣传语中讲出"让消费者享受低价"等口号，但这仅仅是宣传策略，华为认为这些都是不可靠的，只有提高产品品质才能树立品牌形象，因为用户永远需要的是高质量的产品。

在智能手机市场，华为向高端市场不断冲刺，已经拉开了和苹果、三星等国际大品牌的战幕。与此同时，一些国产手机厂商认为薄利多销、增加出货量才是产品销售的王道，所以都有意避开和苹果、三星的正面对决，专注于用性价比高的手机去撬动市场的大门，想要借此争取更多的消费者。基于这种观念，不少手机厂商会通过价格战的方式抢占商机，导致中低端手机市场常年处于红海战争当中。

对于价格大战和性价比当道，华为并不赞同，因为在国际市场企业之间的比拼是技术和服务的品牌，并非像国内市场这样热衷于打价格战，盲目地追求性价比而忽略产品内涵及附加价值，最终都会被拖入困境之中。

华为的P6是其精品战略的重要标志之一，该款机型一经上市就成为国内最畅销的机型之一，销往世界100多个国家和地区，提高了华为手机品牌在国际市场的知名度，也标志着华为终端的精品战略获得了非凡的成就。在近几年的国内智能手机市场，苹果、三星等国际大品牌的势头有所减弱，反而是国产手机异军突起。

华为在智能手机市场的突破和逆袭，得益于其精品战略的实施，华为经历了在芯片研发、产品设计和品牌升级等流程中的技术积累，因此不断推出高端手机型号，引起消费者和媒体的广泛关注，比如以性能见长的D2，以屏幕为亮点的Mate等，它们都以各自不同的优势让华为的终端精品战略得以延续。为了加强这个战略的纵深程度，华为还推出了集团化、规模化竞争的终端新市场布局。

在走精品战略的同时，华为的产品线从旗舰、高端到普及型各个档次，形成了系列化路的特色，在不同价格区间塑造精品。华为终端不断向全球释放出强烈的信号，目的就是获取精品战略的业绩。

华为之所以坚持精品战略，是从满足用户需求出发，对创新科技的尊重和投入。和其他电子消费品不同，手机对使用者来说更是一种时尚符号，因为它被使用者随身携带，因此精品战略也是一种营销文化，更是企业文化内涵的态度。在国际移动终端大鳄日益扩张的今天，只有从战略高度去打造产品，才能抓住市场的机遇。正因为如此，任正非强调华为不必非要学习苹果和三星的做法，而要不断强化自身的优势并突出自身的特色，精品战略正是对这个思想的诠释和实践。

2013年，华为推出了"Make it Possible"的全新品牌理念，意思是"以行践言"，这是一种带有高端消费品气息的宣言，也从侧面标志着华为终端精品战略的开始。华为理解的精品战略，是提高消费者的使用体验。

2014年是4G终端发展的重要阶段，让华为的精品战略得以快速推进，这是因为4G终端市场化应用的逐步普及会深入影响人们的移动通信生活。此外，华为还加大在TD-LTE等4G终端上的投入，力争打造更多更优质的LTE终端产品，包括推出普及型4G智能手机。

以Mate2 4G为例，这款手机相比一代产品，具有可以作为移动电源给其他手机充电的功能，使其成为市场上炙手可热的4G手机。另外，华为的G6手机，虽然没有定位成旗舰机型，却目标直指中端市场，因为G6的美学化设计让其他安卓智能手机稍微逊色，成为在中端市场突围的制胜关键。

华为曾经提出"减少机型、聚焦精品"的战略，暗示会放弃超低端产品，全面转向中高端品牌。随着4G时代和5G时代的到来，华为正在逐渐引领移动生活的变革，将不再是移动运营商或者内容提供商作为主角，而是通过精品战略赢得消费者的认可、处于产业链中坚力量的终端制造商。从华为终端的精品战略确立到现在，已经将打造全球领先的消费者品牌作为主航道的目标。

在智能穿戴市场火爆之后，华为将精品战略贯彻到新的高度，甚至打造出了行业爆品。比如 HUAWEI WATCH。它拥有着"经典设计融合现代科技"的理念，在产品投入设计时就秉持"WATCH is WATCH"的原则，最大限度地保留了传统高级腕表的经典造型和材质，让消费者爱不释手，也确保了经年累月的佩戴后本色不改。从这款爆品的定位来看，华为吃透了精品化的内涵——无限提升消费者的使用感受。以 HUAWEI WATCH 为例，它不仅是一个看时间用的工具，更代表着一个人的身份和品位，市场上其他智能手表忽略了这个重要属性，卡通化、简单化、低龄化，根本无法让智能手表承担起使用之外的象征意义，既消除了人们对穿戴设备的消费欲望，又削弱了成为精品的基本属性。

现在，华为手机不管是在设计风格还是造机工艺上都达到了高水准，而且各方面的优势也十分明显。华为的精品战略在成就自身的同时也能带动国产手机走向繁荣。也许在外人看来，华为挑战苹果的霸主地位是一种不自量力的行为，然而华为并不在意苹果曾经创下多么辉煌的战绩，而是紧追苹果不放，这从华为手机的市场定位也可以看出：甩开低端，紧贴三星，追赶苹果。

虽然低端机市场华为并没有放弃，但在华为看来对中高端市场的占领才是主要的竞争方向，而这条发展路径恰恰和苹果如出一辙。苹果从诞生之日起，就将产品定位在中高端领域，尽管价格长期居高不下，但并不影响全世界亿万果粉对它的狂热追捧。华为从苹果的成功奥义中发现：只有不断地产出精品、高端品，才能逼迫自身完善技术，产出创意，去征服消费能力更强的高端群体。反之，如果一味地在低端市场徘徊，受制于性价比等因素，很难制造出精品，也不会在消费者心中将自己打造为"神物"。

在华为看来，只有产品做得更好了才能对提升品牌价值有帮助，才能带动销售，这也是华为能够在 ASP 上升时期增加销量的重要原因，如果一味地追求销量去做低端产品，片面地追求性价比或许能够在短时期内获得利润，然而立足长远利益来看，势必会对华为这一品牌造成内伤。也正是出于做好产品的目的，华为才不惜投入巨资在全国建立了几百家服务专营店和体验店，这些花销势必要通过销售产品"找回来"，也注定了华为的中高端手机不会存在什么"性价比"，但这正是华为追求的产品至上精神。

产品的质量代表着企业的尊严和生命。从华为成立之初至今，华为一直以工匠精神严格要求产品，追求"零缺陷"和"零失误"。华为以"业界标杆"为产品质量层面的长远目标，并坚持以 20% 的改进效率去完善产品。华为为解决手机摄像头跌破的缺陷问题，曾经投入数百万元不断测试并最终敲定解决方案。此外，华为还因为解决某一款热销手机的一个极小缺陷，关闭了几条生产线进行整改，严格控制次品率。

众所周知，国内企业的产品质量总体较弱，山寨产品十分常见，然而华为没有受到这些负面因素的影响，而是要力争成为世界级的产品质量标杆。华为曾经将 17000 台新手机集中销毁，而这些手机并没有严重的质量问题，只是存在着某些缺陷，然而华为恪守"零缺陷"的质量原则，以精品来要求自己，所以绝不采取姑息的态度，确保了华为的长远利益。

华为依靠精品战略强势崛起，利用技术优势、品牌价值、市场占有等多个有利因素，走上了剑锋直指国际一线品牌的发展和抗争之路，从认知层面已经超过了大多数国内友商，这不仅是华为战略格局的升华，也是快速融合全球经济一体化的必然选择，以精品搏击未来，让华为时刻不敢怠慢，在危机感的驱动下探索新的战略要地。

没有油水的市场也要占领

任何领域的市场都可以划分为高端和低端市场，最典型的就是电子产品。不管一个企业瞄准哪一个市场，事实上高低端市场都有各自埋藏的黄金，因此选择哪一块市场不存在对与错的区别，核心在于是否与自身的企业长远战略相结合。

尽管华为坚持精品战略，但这仅仅是华为众多企业战略中的一个分支，华为旗帜鲜明地表示不做"超低端"，但并不意味着放弃低端。换言之，华为不会做价格低廉的次品，而是做质量合格价格不高的亲民产品。由于华为擅长用针尖战略，所以不得不将更主要的精力集中在技术含量较高的产品上，却不会因此忽略了没有油水的市场——低端市场。

有一个不可否认的事实是，低端机市场中的千元机占比很高。2017年上半年的国产智能手机市场中，有在售1300余款机型的均价为1740元，而在前两年整体价格更低，通过这个平均价格可以看出，国内智能机市场目前在售的主力机型依然是3000元价位以下的机型，而千元机占比很大。相比之下，在高端智能机市场，除了苹果、三星之外，能够获利巨大的手机厂商并不多见，尤其是国内智能手机品牌。

2018年1月2日，业界传出任正非在华为消费者业务汇报以及骨干座谈会上的讲话，他强调了华为不能忽视低端产品的价值。在任正非看来，低端产品是用来保卫高端产品盈利的，是不能放弃的市场和产品线。外界对任正非的讲话多有不解：在市场份额和高端产品都有不俗业绩之际，为何任正非反复强调低端？事实上，华为近两年的消费者业务增长率持续下滑，从2015年同比增长70%一路下降到2017年的30%。

在2017年的前三个季度，华为终端（包括荣耀品牌）全球出货量高达1.2亿台，单从市场份额上来看已经超过了苹果，位居世界第二。对此业绩任正非也表示满意，他认为在华为做大平台支撑的前提下，华为终端业务已经明显露出优势而且会在未来一两年之内高歌猛进。另外，华为还有一个无可比拟的优势：苹果没有网络系统，爱立信缺乏终端，然而华为包含了这两大体系，这也是华为终端将继续大规模发展的必要条件。然而，华为的危机感并没有就此解除，因为在国内市场，小米于2017年满血复活，无论线上还是线下都展开了咄咄逼人的攻势，华为的劲敌OPPO和VIVO也依靠渠道优势和营销优势不断挑战华为的地位。

任正非曾说，华为的低端产品要尽量标准化和简单化，这是为了增强华为的战略反馈能力，华为已经清醒地意识到，一旦低端市场被竞争对手抢占，等于间接培育了潜在的敌人，会让他们在发展壮大之后再次冲击高端市场，从而给华为造成全线的威胁。

对华为来说，低端市场不仅是一块战略要地，还是一块聚集能量的资源地，一旦让人从中汲取了足够的能量，很可能会在将来成为华为一样的企业。当然，华为要攻占的低端市场，并非低价、低质的小市场，那样只能毁掉华为的品牌信誉度，最终彻底消灭华为战略进攻的力量。华为要设计和生产的是性价比高的产品，目的是满足不同消费群体的需求。

有业内人士分析，中国的智能手机市场必须对品牌进行严格的区分，将中高端产品价格提高起来，形成品牌溢价就能创造经济价值，而低端产品仍然不能放弃相对较高的质量。

任正非曾经坦言说："这个世界百分之九十几都是穷人，友商低端手机有穷人市场，不要轻视他们。华为也要做低端机，我们的老产品沉淀下来可能就是做低端机。"这句话暗示了华为在不断突破价格天花板之后将重视低端手机的占领。

近几年，随着中国经济的高速发展，基尼系数连续下降，低收入人群占比并不高，换言之中国消费者的购买能力获得了一定程度的增长，所以消费升级是重要趋势。

当华为推出 Mate 10 这款旗舰机型之际，已经重新瞄准了低端市场，但是回到 2015 年，华为的战略重心依然是高端市场，这种终端策略转变的原因是华为要超越三星争做全球市场第一。

如今世界手机市场排名第二的华为，与排名第一的三星的差距在于低端市场，如果华为要弥补这个差距就必须增加出货量。反观三星，能够占据全球第一份额也不是依靠高端机，而是型号众多的低端机，这正是三星整合产业链的能力体现：用新鲜机型持续抢占市场，再用机海战术不断展开围剿。

华为冲击低端市场的底气在于已经在高端市场站稳了脚跟，同时也遇到了发展的瓶颈，因此想要继续和对抗并不明智，所以华为必须通过大规模地铺货去占领低端市场。

在国际市场，消费者的购买能力也千差万别，比如，肯尼亚人均年工资只有 1200 美元，消费者很难获得高端智能手机，所以对低端手机的需求量很大，华为瞄准这个商机占据了肯尼亚中端市场的 30% 的份额，在肯尼亚市场销量位居第三。不过，在人口基数巨大的印度市场，华为未能实现预期目标，反而让小米、OPPO 甚至联想赶超，这是因为印度市场是低端机的天下，而之前华为重视程度不够。不过，随着任正非多次强调占领低端，华为也逐步调整竞争策略，只要手机价格是一部分消费者首先考虑的要素，那就意味着低端智能机有强大的需求。为此，在一部分经济欠发达的国家和地区，华为将会继续推进低端机的销售。

华为的高明之处在于，不打出"占领低端市场"的口号，就能够在一定程度上避免了和小米等竞争对手的正面拼杀，毕竟国内很多手机品牌死在了通往低端机市场的道路上，由于他们满足低端市场的利润，最后陷入了残酷的价格大战中无法自拔。出于对未来生存环境的考虑，华为当然不会旗帜鲜明地表示自己会在低端市场有多大的作为，但这块市场是华为依然要在暗中发力去争夺。华为的这个策略十分高明，因为如果将主要精力放在低端市场，就不可能将视线牢牢瞄准科技含量更高、品牌成长前景更广阔的高端市场，也无法推动华为成为国内最有国际竞争力的 IT 企业。毕竟，华为每年的专利成果超过了清华、北大等知名高等学府，走的是一条品牌和技术的发展道路。

华为冲刺低端市场的另一个原因是，低端智能机销售得并不好，因为遇到了小米这个强硬的对手，而华为的荣耀则无法与之匹敌，主要是小米有红米 Note 4X 这样的优质千元机，3 位数的价格刺激了消费者的购买欲望。面对如此庞大的市场，华为不可能轻言放弃。而且，华为在低端市场依然拥有一批信任华为的消费者，华为更不会撤离，从而伤害到一些消费者的感情。当然更重要的是，如果华为在中高端市场开发出质量更优的手机，消费者完全有可能从低端升级到中高端，这就是品牌黏着度的力量体现。

高端市场的利润空间毕竟有限，而且是一场不好打的硬仗，所以华为需要及时调整市场战略，这也是为了改变不重视低端机的印象，比如华为荣耀系列和红米、魅蓝等同级别的手机相比，配置上还是存在着较大的差别，如果华为像 OPPO、VIVO 等手机依靠强大的渠道资源转化为销量的话，也能获得一定的利润，不过在竞争激烈的千元机市场，华为的优势并不是非常明显，因此华为当下最重要的策略就是提高配置去做低端机，以此来维护自己的品牌形象，给消费者留下良好的印象。

虽然华为表示并不单纯追求市场份额第一，但是华为不会放弃世界第一的目标。根据华为 2017 年上半年的业绩显示，华为手机的发货量高达 7301 万台，其中 P 系列和 M 系列等高端机的总计销量只有 1450 万台，而其余的 5000 多万台的出货量都是来自千元机的贡献。事实已经证明，无论冲击高端市场还是低端市场，都是因为有广阔的利润空间去争夺，低端机依靠的是"薄利多销"，高端机凭借的是"爆款厚利"，因此华为不会放弃两大市场。

任正非说："公司要像长江水一样聚焦在主航道，发出巨大的电来。无论产品大小都要与主航道相关，新生幼苗也要聚焦在主航道上。不要偏离了主航道，否则公司就会分为两个管理平台。"显而易见，低端和高端市场是华为重磅出击的"双拳"，两手同时发力，目标保持一致，最终都是以业绩论英雄，而这将是华为未来市场战略的重要格局走向。

抓取大客户保障生命线

现代企业的营销理念是以客户为基本出发点，客户关系管理是维护手段，尽管有不少企业明白这个道理，但并非都掌握了这种方法。《华为基本法》中的第八条这样说道："我们的目标是以优异的产品、可靠的质量、优越的终生效能费用比和有效的服务，满足客户日益增长的需要。"由此不难看出华为将客户价值最大化的战略企图。

2010年12月，任正非给欧洲大客户的高管们进行培训，拟定的题目就是"以客户为中心，以奋斗者为本，长期坚持艰苦奋斗"。在培训过程中，任正非强调了一点："这就是华为超越竞争对手的全部秘密，这就是华为由胜利走向更大胜利的'三个根本保障'。"任正非所说的"三个根本保障"容纳了以客户为中心、以奋斗者为本和长期坚持艰苦奋斗三个内容，在华为内部被称为"铁三角辩证思维"，三者是相互联系又相互支撑的关系，从而形成了一种稳定的、坚实的合力关系，让华为保持在一种有机的动态结合态势中。

回顾华为的发展历程不难发现，从1988年初创时期开始，华为就面临着严重的生存压力，缺乏资金和技术，无力拓展市场，更无力和国外竞争对手抗衡，只能在夹缝中生存，唯一能够被华为掌控的就是不断贴近客户，而在这个阶段华为瞄准的重点就是大客户。如何寻找大客户的价值，如何在大客户需求盲点和竞争者弱点之间打开一条通道，是华为当时急需解决的问题。

从1999年开始，华为凭借网络产品为工具，正式进入银行电子化领域，依靠几年的运作终于成为中国银行电子化、信息化领域的重要设备供应商。在华为的营销策略中，最重要的一条就是将客户的隐性需求充分挖掘出来，这是战略联盟关系建立的根基。除此之外，华为还根据与大客户对接的经验总结出一套"冰山理论"：客户有90%的需求隐藏在冰山底下，剩下10%的需求显露在冰山外面。

华为是一个以技术为导向的企业，不过这并不意味着华为不重视营销策略，华为在每一项技术开发之前都会保持和客户的亲密接触，华为中10%的研发人员都会到客户中去了解他们的需求，将研发工作放在营销工作之后。比如，香港和记电信早期扮演了挑战者的角色，为此和记电信的决策层希望有特别技术避免成为追随者，正逢华为的"号码拦截"技术在当时中国电信市场上非常成熟。后来华为的营销人员发现客户的这一潜在需求后，就积极帮助和记电信开发号码携带业务，依靠着"号码携带业务"的差异化优势成功上位。从这个案例可以看出，客户的隐性需求是吸引性需求的一种，能够为市场提供高额的价值。

挖掘客户的潜在需求并不难，关键在于是否用真诚的态度去面对客户，是否能在和客户的沟通中以诚相待。在华为看来，只有先站在客户的角度去思考问题，才能做到既保证了客户的利益又能刺激客户进行消费。比如，有的企业客户对交换机有潜在需求，但因为与其他单位建立了合作关系，无法直接与华为合作，这时华为就会诱使客户购买一台价格并不昂贵的机器，也可以在推销的过程中帮客户算好一笔账：自己购买比长期租用或者借用更划算，这就是既保障了客户的利益又推销了产品。

回到20世纪的1992年，当时的华为在国内并没有什么知名度，每拓展一个大客户都困难重重。当时，一位华为驻某地的销售办事处主任，为了打入一个县城的电信局，就找到了主要人物，一面和对方保持接触一面留心观察他们的举动。后来发现那位大客户正在考驾照，而当时的练习用车很少，要等到一年多才能排上，而最好的汽车是北京的202吉普车。办事处主任得知这个情况后，千方百计托关系从武警部队借了一辆崭新的小轿车，然后将汽车开到客户家中让他练习。由于当时正赶上刚下过雪，练习场里十分泥泞，办事处主任主动脱了鞋跳进泥坑里推车，让客户十分感动，最终让华为的产品成功打入了县城。

和国际上知名的跨国企业相比，华为无论从资金上还是资源上看都十分有限，不能动辄投入几十亿甚至上百亿的资金用于技术开发，尤其是在企业发育阶段，华为必须节省每一笔投入，这种生存状态注定了华为在资源有限的前提下，技术研发的着眼点不能用于基础研究，而是要倾向于市场实际需求。华为从来没有将自己定位为科学院或者工程院，技术发展的重点是通过多形式、多渠道获得实用的科研成果并应用这些成果创造经济价值。基于这个大前提，华为的大客户策略才侧重于关注产品的稳定性和性能，确保抓取大客户的卖点，因为稍有不慎，流失的不仅是几笔订单，更可能是长期的合作关系，事关华为的生死存亡。

在华为拿下的泰国移动运营商 AIS 智能网建设项目中，华为人充分运用了正确的大客户策略，展示了对泰国客户的热情和敏锐的感知。为了推动泰国本地兴建旅游业，华为积极地帮助 AIS 开通了在手机上进行"小额投注"的博彩业务，仅仅用了 5 个月的时间，AIS 方面就顺利收回了投资，对华为也给予了高度的认可。

华为对待大客户的态度是：了解对方越深越能发掘他们的潜在需求。事实上，无论大客户还是中小客户，他们的需求都是从最终消费者对消费品的需求延伸出来的。因此华为的关注点在于激活通信产业链，使其进入良性循环的状态中，此外，华为时刻关注中国电信政策的变化，捕捉产业内的一切"风吹草动"。为了赢得和大客户合作的机会，很多时候华为并不是急于向客户销售产品，反而将攻坚的重点放在帮助大客户占领市场方面，凭借关注最终用户的需求赢得对方的信任，让大客户意识到华为能够成为自己的合作伙伴而非简单的交易关系。

随着电信市场竞争的加剧，众多电信运营商开始重新审视原有的采购战略。过去，由于产品利润比较丰厚，所以电信运营商一般不太关心价格问题，更关注个人利益的满足和人际关系的融洽。现在利润率大幅度下降，运营成本增加，运营商纷纷改变了采购战略，既看重性价比又重视售后服务，此外还积极谋求和设备供应商建立长期战略联盟关系，共同解决发展中的深层次问题。华为紧紧抓住了这个重要的转变，和运营商长期保持着稳定的合作关系。

在华为和阿联酋展开技术合作时，发现了一个问题：虽然阿联酋从GSM到WCDMA进行了快速的技术升级，但是从运营商的角度看他们采用了典型的割裂式选择（彻底抛弃A完全选择B），将造成很大的经济损失和资源浪费。为了帮助大客户清除隐患，华为的业务员马上和技术研发部门取得联系，制造出换机不换卡的"无缝技术"，减少了阿联酋技术更新换代时承受的损失。华为通过对大客户的需求把握进行技术创新，不仅最大限度地挖掘了客户的潜在需求，也契合实际地维护了客户的根本利益，这就是华为营销创新和大客户需求动态匹配的绝佳案例。

大客户需求的动态变化和新兴的竞争者创造的能够改变各种需求，能够推动产品和服务的价值进行迁移。比如电信运营商越来越重视市场反应速度和个性化需求的满足，这和之前的垄断时期的缓慢行进有很大差别，大客户的需求重点能够影响到他们的决策。过去，华为大客户的设备只要出现问题，技术人员马上会去机房修理，现在完全按照IPD的流程走，这个反应速度虽然和过去相比放慢了不少，不过随着对前期研发环节的谨慎考虑会减少问题的发生，另外也能缩短产品研发周期，从而降低风险。

华为的大客户策略核心在于：只要瞄准目标就会马上完成市场和技术的对接，为此，华为坚持三条原则：

第一，华为会通过应用创新满足大客户需求的价值，利用有限资源争取市场，因为技术发展不能纠结于科学研究和技术发明，需要凭借多种渠道获得最先进的技术成功体现产品的价值；第二，华为站在市场创新的角度去指导技术和产品创新，依靠建立运作有效的市场营销体系和信息反馈系统去获得产品创意的灵感，让技术和产品在开发时就能意识到市场竞争压力，设计和生产出精品，建立竞争优势；第三，将客户感知的价值不断增强，因为大客户的感知价值是企业能否立足于市场的重要因素，因此一定要提升这种感知价值，增强华为的品牌价值，提升大客户的总收益并帮助他们降低成本，最终赢得大客户的认可。

随着国际市场的开拓和国内市场的巩固，华为已经不单纯满足于低价格产品的利润，而是通过品牌形成后的溢价获得更多的经济收益，而华为在市场上建立的口碑来自对大客户需求的响应速度。华为深知大客户对产品和服务的要求会更挑剔，因为他们更加在意产品的工艺质量和科技含量，会在交易前进行谨慎的考察，也会找来业内专家进行咨询，比中小客户更难"伺候"。因此，华为不断加强与大客户的深度联系，努力寻找双方利益的交叉点，以共赢为最终目的，以诚意为合作基础，加强大客户与华为的合作意向，通过为对方创造价值来提升品牌的感召力。

知识为剑——华为知本创富之道

第五章

二次学习，终身受益

新员工能否快速地融入企业，直接决定着企业的战斗力和市场生存能力，也决定了企业文化是否能有效传承，因为任何一个员工，都是传播企业核心价值观的载体。不过，很多企业在如何培训新员工的问题上，并不能准确找到合理的方法，或者是用力过猛让员工被迫接受洗脑式的文化灌输，或者是采用"特务政治"在员工中间安插自己的眼线，结果导致员工和企业离心离德。总的来说，培训新员工是一门需要技巧和耐心的工作，更需要企业拿出诚意和真情实感，因为企业需要的不是一部部工作的机器，而是一个个有血有肉的人。

20世纪30年代，日本的松下公司受到世界经济危机的影响，经营状况十分糟糕。很快，公司有关部门向高层提出建议：减产减员，减轻企业负担。然而身为总裁的松下却明确拒绝，只批准了减产的请求，并没有裁员。对此松下的解释是：即便亏本也不能亏待员工，不能让员工成为经营风险的牺牲品，必须和员工同舟共济。结果，员工被松下的善良和诚意所打动，想尽一切办法帮助公司推销产品，最终让松下渡过了难关。

员工的个人素质决定了企业的发展后劲，员工和企业的关系也决定了企业的生命周期。企业的产品质量、品牌美誉度、社会影响力，都和员工的综合素质有着密切的联系。因此，谁能培养一支高素质的战斗团队，谁就能在市场竞争中占据优势。

华为在精挑细选新员工之后，还要对他们进行针对华为企业特点的专门培训，让人才进行二次学习。

华为的新员工入职培训遵循"721法则"：员工70%的能力提升来自实践，20%来自导师的指导，10%来自课堂学习，这个培训法则是因为华为根据各方面的情况调整进行改革的，在不同阶段进行针对性的培训。华为认为"实践出真知"，强调实践对新员工日后成长的重要意义，同时也给新员工发出了一个信号：要想有所作为就只能脚踏实地地学习和工作，而这正是华为倡导的奋斗者精神。

经过多年的探索和实践，华为从众多培训员工的策略中选取了最优选项，对员工培训展开了大刀阔斧的改革，让授课培训和网络化授课方式一并取消，因为这种形式不利于面对面地了解员工的思想动态，也不能起到有效的监督和敦促的作用。

一般来说，新员工入职华为之后要经历三个阶段：入职前进行引导培训，入职时进行集中培训，最后进行在岗培训。新员工经过这三个阶段才能有资格成为正式员工，这个过程通常要持续3个月到半年的时间。

第一个阶段，新员工在入职前进行引导培训。按照华为的招牌管理，每年11月份在各大高校进行校园招聘，在筛选出符合华为要求的生力军之后，华为会将招收到的应届毕业生安排给导师，让他们在入职前系统地进行业务培训，形成了独具特色的导师制度。由于是应届毕业生，他们缺乏工作经验，为了减少这些新员工入职后可能带来的风险和失误，华为要求新员工的导师必须定期给员工打一次电话，依靠电话沟通了解员工的精神状态、毕业论文进展等情况。通常，如果一名应届毕业生想要进入华为，会在应聘的过程中让导师安排给他们一些任务，帮助他们对即将分配的部门和岗位有一个感性的认识，此外，华为还会督促新员工提前看一些书籍和材料，让他们循序渐进地学习岗位知识并了解华为的企业文化，让员工在顺利走上工作岗位之前做好充分的思想准备。

第二个阶段，新员工在入职之后进行集中培训。在新员工基本了解了未来从事的岗位知识之后，华为着手让他们接受思想认识上的二次学习，重点是围绕华为的企业文化展开，不仅包含了华为的灰度哲学、务虚精神、奋斗者内涵等内容，还包括华为的各项规章制度等，让新员工加深对华为的认识。通常，这个思想教育阶段会维持在一个星期左右。据说，在深圳华为的总部，每天都会有上百名新员工在清晨离开宿舍围着总部大楼跑步，这不仅是为了锻炼他们的身体素质和集体意识，还让他们增进和企业的情感距离，促进团队成员之间的关系融洽。另外，新员工还要系统地学习任正非写的《致新员工书》，让他们以 CEO 的视角了解个体和企业之间互相依存的关系。为了让他们从感性上养成责任感，华为会推荐他们观看《那山，那狗，那人》这部电影，总之培训的方式丰富而不单一，庞杂而不枯燥。

第三个阶段，新员工上岗前进行岗前培训。在经过了全面的思想意识方面的培训后，很多新员工早已摩拳擦掌、跃跃欲试，希望在工作岗位上展现个人能力。当然，华为会积极引导他们的工作热情，让他们在导师的带领下进入基层的实际环境，一面工作一面锻炼自我，通过向老员工学习、和新同事互动提高个人能力。不过在这个阶段，华为对不同岗位的新员工采取的培训内容和方式存在差别，比如那些要派往海外的营销员工，他们需要在国内实习半年到一年的时间，让他们在正式上岗前了解华为的工作流程和工作方法，等到他们熟练地掌握了这些知识之后才会被派驻到海外。如果是技术类员工，华为更加注重他们的上手能力，会让新员工去生产线参观，让他们了解生产线组装的机器和其他设备，通过增强对产品的认知，强化对华为市场布局的认知。如果是研发类的员工，华为会让他们在上岗前参与一些模拟项目，让他们体验"真刀真枪"的工作流程。

新员工的二次学习意义重大，这不仅是因为他们要掌握相关的岗位知识和经验，更需要在实践中保持对华为企业价值观的认同，获得思想和能力的同步提升，在这个教育的过程中导师的作用不容小觑。

对新员工采取"导师制"政策，是华为的首创。华为对导师的选拔看重两个条件：一个是工作业绩必须出色，另一个是要认可华为的企业文化。为了增强导师的培训质量，华为原则上要求一名导师不能带超过两个新员工，让他们有更多的时间和精力保证业务知识和企业文化的传播，也让新员工有更多机会学习导师积累的工作经验。华为的导师也被称为"思想导师"，这是因为他们不仅要负责指导新员工的工作方法，还要定期和新员工沟通，了解他们的思想状况，特别是对那些外地员工，导师还会帮助他们解决一些衣食住行等问题，甚至新员工的个人情感问题，导师也会乐于替他们排忧解难。

导师的授业解惑关乎华为人才梯队的培养，因此华为给予导师们回报相等的激励政策，一个是晋升限制，华为规定没有担任过导师的人就不能得到提拔，另一个是给予导师补贴，通常会持续发放半年。除此之外，为了增强导师的工作动力，华为还会开展"优秀导师"的评选活动以及导师和新员工的"一对红"评选活动，这些活动并不是走过场，而是要在华为的年会上隆重表彰，激发老员工自愿充当导师的积极性，增强他们带好新员工的责任感。

除了通过导师对员工进行再教育之外，华为还加强文化传导的作用。比如在华为的培训中心，由任正非亲自推荐了《西点军校领导魂》这本书，使其成为华为内部的"红宝书"，让每一个员工都要从中汲取营养并进行思考。

如今国内不少企业也都热衷于进行新员工的岗前入职培训，不过很多是雷声大雨点小，表面上是培训其实只是走走流程，根本无法起到聚合人心、提升员工个人能力的作用。这样做的直接后果是导致新员工不能在第一时间内融入企业，即便正式上岗也会和企业心有隔阂，为他们日后的重新择业埋下了隐患。

华为清醒地认识到，企业在招聘新员工时已经消耗了招聘、培训以及人员重置等成本，还要承担着由于职位空缺带来的机会成本的流失，因此一定要确保新员工的留存率。正是基于这种认识，华为才量身定制了一整套体系完备、内容丰富、细节明确的培训方案，让新员工快速地从组织外部进入组织内部，成为一名忠诚的奋斗者。对新员工的悉心教育并非浪费资源，它能够增强企业人力系统的稳定性，减少人才的流失，让每一个加入进来的新鲜血液都能成为华为企业价值观的传递符号，推动华为这部"国际战车"冲向更广阔的市场。

人才就是竞争力

楚国大将子发喜欢结交有一技之长的人，还将这些人聚集到身边，其中有个相貌平平的人，号称"神偷"，也被子发待若贵客。有一次，齐国进犯楚国，子发带兵迎敌，结果连着三次败北。子发身边的那些谋士和勇将都无计可施，这时"神偷"主动请战，他趁着夜色将齐军主帅的睡帐偷了回来。第二天，子发派使者将睡帐还给齐军主帅，并告诉他："我们出去打柴的士兵捡到您的帷帐，特地赶来奉还。"齐军主帅十分惊愕，当晚，"神偷"又把主帅的枕头偷了回来，然后子发又还回去。到了第三天晚上，"神偷"直接偷走了主帅的发簪。齐军士兵听说此事都感到十分恐慌，齐军主帅再也按捺不住心中的恐惧，心想："如果再不撤退，恐怕子发要派人来取我的人头了。"最终，齐军匆匆收兵。

当今的市场竞争本质上是人才的竞争，企业能否留住人才决定着它的市场生存能力。当然，企业能吸引人才仅仅是开始，能否留住人才是最关键的一步，否则只能为他人培养人才。人才的稳定决定了团队的稳定，是关系到企业长期发展的重要保障，要解决人才进出的问题就必须树立开放的人才管理理念。

索尼公司董事长盛田昭夫说："一个企业最主要的使命，是培养它同雇员之间的关系，在公司创造一种家庭式情感。"从这个角度看，企业并不只是员工通过劳动获取报酬的场所，还是能满足员工感情需求的场所、一个能够激发员工工作潜能的平台，只要有了展示自我的能力，就不会让员工产生离开的念头。

现在很多企业都注重人才的长期和长效留用，而非一朝一夕的聘用。有些企业抱怨员工不能胜任岗位需要，没有发挥出真正的才干，其实这并非都是员工自身造成的，而是企业没有找到激发员工潜能的关键点。从人才管理的角度来看，需要建立激励体制维系员工的工作热情，然而很多企业制定的规章制度看似完美却难以执行，员工的工作积极性如何能提高？于是，一些企业开始盲目学习融创、碧桂园等企业的高佣金激励手段，为了提升员工的工作积极性使出加薪升职的"两板斧"套路，结果事与愿违，高额的待遇让员工的胃口养得越来越大，并不能对企业产生绝对的忠诚。

事实上，大多数员工的工作目的并非只为了钱，他们还对个人的发展空间和价值实现有深切的要求，不了解员工的真实需求，只想着通过经济手段进行刺激，这种简单粗暴的方法不能真正激发员工的潜能，也达不到人才管理的目的。

任正非曾说："我们提出狼狈组织计划，是针对办事处的组织建设的，是从狼与狈的生理行为归纳出来的，狼有敏锐的嗅觉，团队合作的精神，以及不屈不挠的坚持，而狈非常聪明……"

任正非所说的"狼狈组织"，体现出的是一种人才组合的力量，它和心理学上的"结伴效应"和"观众效应"有关，简而言之，就是当人与人进行有机组合之后，会乐于展示自己最优秀而别人欠缺的一面，同时还会因为别人在关注自己而更好地发挥其潜能。华为倡导狼狈组织，本质上是将人才的能量最大化，让他们在团队中展示各自的才能，从而让他们产生归属感，充分挖掘他们的工作潜能。

一个企业不能发掘员工的潜力，只能让管理者深受其害。有些企业不相信也不愿意激发员工的潜能，将重要工作交给几个核心员工去做，让员工产生不被重用的失落感，又增加了核心成员的工作负担。从现实的角度来看，一个人能力再突出，也无法胜任全部工作，一个合格的企业必须让员工尽心尽力地完成工作，而不是依靠几个精英分子苦撑着。

稻盛和夫用两年的时间将日航扭亏为盈，创造了惊人的业绩，然而他并没有使用特别的招数，只是尊重自己的员工，让员工由被动工作变为主动工作，发挥他们的潜能为企业作贡献。另外，稻盛和夫将会计核算体系添加到人力资源管理体系中，精确量化组织中的每个团队和每个人，对他们的价值进行估算。同样，华为也采取了一套量化方针考查人才的价值。

华为将人力资源划分为三个体系，一个是企业职业通道，一个是建立任职标准，再一个就是以事实和行为作为任职资格认证的依据。华为是国内企业中第一个打破官本位思想的，意在让人才走向专业化、专家化的成长道路，而不是贪恋权势做官老爷。在华为的职业通道体系中，构建了管理和技术两个通道，每个通道还会细分为不同的等级，比如你想做技术人员，就要达到这个专业中的某个级别的任职资格，而任职资格又和绩效挂钩，环环相扣。华为运用这种方法不断筛选出合格的人才，让他们为华为的远景战略添砖加瓦。

华为是一个人才辈出的地方，这是因为华为给人才合理的上升渠道。华为拥有岗位晋升和能力晋升两条不同的路线，竞争上岗的前提是获得任职资格，这就促使任何一个岗位都会有3—4个达到任职资格的人才，他们为了争取更大的发展空间会不断磨砺自己，这就是任正非提出的"饿狼逼饱狼"。即便有人顺利拿下某个岗位，然而不能尽心尽力作出成绩，很快就会被更有才能的人取代。

现在很多民营企业都面临着一个共同的问题：人才资源稀少，一个萝卜一个坑，一旦有精英离开往往会给企业带来很大麻烦，不少管理者也认为企业缺乏后续人才。事实上，并非国内的人才数量和质量下降，而是这些企业的人才储备机制出现了问题。华为解决这个难题的策略是，不断敦促员工参加任职资格培训，前提是绩效考核必须达到12分以上（满分为15分），这就避免了某些人只顾提升能力而忽视业绩，让人才或者准人才在严格的养成环境中完善自我。

华为在创立之初时，任正非的人才观念是：只有利益共享才能凝聚人心，所以通过分担责任和成果共享的方式提高员工的工作热情，在这种分配机制当中，华为设定了一个比例：劳动和资本为3：1。劳动代表着工资奖金等福利待遇，资本收益需要通过设定一个合理的底线进行回报。后来，随着华为的逐步壮大，不少员工获得了更大的利益回报并形成了共同的价值观，为了适应这种变化，华为从三个方面入手。

第一是寻找人才。华为经常在阐述一个理念：人才在哪儿，资源在哪儿，华为就在哪儿。对待自己所需的人才，华为尽可能地给他们提供成长的舞台，让他们更好地发挥自身潜在的能力，而不是由华为来规定如何创新。现在，华为建立了几十个能力中心，目的就是将全球一流的专家集中在一起，发挥他们的智慧造福华为以及整个人类社会。此外，华为还和国内外著名的高校、研究机构保持着长期的联系，投入资金支持他们的研究项目，帮助华为破解产品和服务领域的疑难杂症。

第二是放开人才的流通。华为让人才不仅在内部得以流动（轮岗制），还要在外部进行"循环"——增强和其他企业的沟通联络，学习对方的人才培养和管理经验。过去人们常说人才是金字塔形状，这是因为在工业时代有社会以严格的层次对人才进行划分，带有浓厚的封闭色彩，让人才无法和外界保持通畅的联系，难以激发他们的创新思维，也不利于开阔他们的眼界，对后续人才也造成了挤压。为了打破这种局面，让更多的人才得到发挥的空间，华为不断促进人才与人才、华为与其他企业的交流和传经送宝，让团队永葆活力。

第三是对人才宽容以待。华为有一句口号是"鼓励探索，宽容失败"，华为每年将收入的10%至15%投入研究和开发中，70%的部分用于开发，这是一种确定性的工作，目的是确保华为产品质量不变，而剩余30%的部分用于研究。由于研究是一种不确定性的工作，可能遭遇失败，也可能会走弯路，因此华为设定了0.5的收敛值——允许有50%的失败。"宽容以待"的另一层含义是，华为并不在意人才的年龄、学历以及工作经验，华为对人才的评价标准以责任和结果为核心。现在华为的市场体系中担任国家CEO岗位的，有40%左右都是30多岁的年轻人，他们管理的业务规模却达到了10亿—100亿元。另外在华为的研发系统中，70%的专家是80后。正是因为聚集了不同年龄段的有识之士，才让华为的工作团队长期保持着高昂的斗志和不竭的战斗力。

任正非说过一句话："钱给多了，不是人才也变成了人才。"他并非宣扬金钱的无限力量，而是看到了企业对人才必须作出应有的回报和奖励，以尊重人才为前提，方能让人才变成企业攻城略地的有力武器。

现在很多行业的市场竞争都进入"白银时代"，经济收益大不如逝去的"黄金时代"，和粗放型经济时期有很大差别，随着竞争对手的增多和行业集中特性的增强，企业的盈利变得越来越艰难，依靠传统的人治手段而忽略制度保障，难以提高员工的积极性，只有让员工做事有章可循、有规可依，才能保障他们的工作效率处于高水平，让企业的人才管理井然有序，企业效益才能得到保障。

舍不得经费搞不出研发

据说，有一个人去华为大厦办事时，负责接待的前台女职员会检查他随身携带的东西是否具有存储功能，服务十分到位。一次，这个人和朋友带着一台交换机过来，前台看了机器一眼，指着上面的芯片说："你这个芯片是非易失性存储器（是断电后仍然能够保持数据的存储器），你是否登记过？如果没有的话不允许进入，必须要上面的批准以及登记了才行。"

每次去华为进入研发大楼的时候，接待处的前台职员都会检查来客带的东西是否具有存储功能，服务非常到位。一个前台都能对交换机如此了解，可见其他人的专业素养了。

这个故事可以看出华为对技术的重视程度。

2016 年，在世界经济状况并不良好的前提下，华为的三大业务板块却都能获得高速的增长，全球销售收入总计达到 5216 亿元，投入研发经费 764 亿元，首次突破 100 亿美元大关。在华为的分析师大会上，轮值 CEO 徐直军说了这样一句话："我们要用今天的投入，构建起华为明天的竞争力。"显而易见，在华为领跑同行时依然不忘记加大对技术研发的投入。正是这种长期不间断的投入，为华为奠定了雄厚的技术基础，从而在多个业务领域中成为技术最优者。华为依靠技术优势，不仅从容地解决了一部分产品问题，也促进了整个行业内的技术进步。在世界范围内部署的 130 张 4G 和 5G 的网络中，有 75 张都有华为参与，而这组数字可能还会发生变化。依仗尖端研发的推力，华为的国际化进程也彰显实力，一举拿下了德国电信开放云这个项目。

如果企业缺乏足够的研发费用作支撑，所谓的创新思维和创新手段都将成为空谈，这个近于残酷的真相对科技行业来说更为突出。

有些技术型企业之所以不敢大笔投入研发资金，是因为惧怕市场环境发生变化导致前功尽弃，然而华为却坚持一个理念：越是局势不稳定就越要加大对未来的投入力度。华为每年都会进行年度战略计划的调整，其核心往往以技术研发为着力点，尤其是对基础研究和创新研究的投入，所占比例逐年提高。华为越来越明确一个远景目标：探索未来的关键技术，打造智能社会。

对基础技术的投入是很多企业不愿付出的，因为回报慢、周期长、性价比低，然而华为却十分重视基础领域的研发进程，因为这直接关系到华为的未来生存空间。任正非强调华为将研发方向与未来的人类智能社会紧密贴合，由于种种不确定性，华为必须扩大研发的广度和深度，而基础研究是最好的切入点。显然，华为重视研发的根本动力不局限于获得市场回报，而是看到了人类社会前进的轨迹，作为技术型企业必须打好提前量才能积累优势、抢占先机。

华为将自己看成是用户进入智能社会的推动者，将承担起多连接、管道支撑、数字化等多项任务，而每一项任务都将开拓成华为的新业务板块。面对消费者对智能生活的需求，华为必须参与到相关的生态建设中，明确发力方向，才能避免走弯路或者被竞争对手赶超。

综观世界各大高科技企业，根据 2016 财年的收入和研发统计可知，营收超过 800 亿美元的主要有苹果、三星、谷歌和微软 4 家，它们都具备各自的核心技术创新能力，略低于800亿美元的有华为和IBM。除此之外，研发投入超过100亿美元的有6家企业：苹果、三星、英特尔、谷歌、微软和华为，它们都以密集投入展现出对技术研发的重视程度。

事实证明，科技型企业只有保持可持续的大规模研发投入，才能确保核心技术优势不变，从而保证经济效益的稳定，为日后的技术飞跃提供强大的"发动机"。相反，如果只依靠模式创新和概念创新，无法让技术对产品价值产生支撑作用，一旦遭遇行业拐点很可能会被淘汰，更不能让企业成为领先行业的弄潮儿。

以技术见长的华为，每年都投入大量的经费用于技术研发。2010年，华为曾经宣布将在未来的5年内向加拿大的渥太华投资6700万美元，用来帮助当地创造164个研发职位，这项投资计划对渥太华和安大略省来说是利好消息，作为回报，安大略省政府给华为提供了650万美元的资助。通过这种双赢合作，华为能够借力渥太华纳塔研发中心增强在北美的研发能力。

事实上，在2G和3G时代，华为还称不上行业的领跑者，而是扮演了追赶者的角色。在进入4G时代以后，华为通过技术和资金的积累，终于获得了与国际同类企业一较高下的资格，而这个身份和地位的变化得益于华为持续不断的研发经费投入。在5G时代来临之后，华为的领军地位更加突出。

华为的研发费用大部分投入在工程化开发中，同时还兼顾应用研究。华为将研发体系的项目重点划分成产品预研、技术预研两大类别：产品预研，指的是在市场前景尚处于模糊状态时或者是存在着技术难题未被攻破时，某个产品和企业的战略吻合并可能变成日后的市场增长点，那么无论当前有多少不确定性都会对这一产品进行立项研究，通过实践摸索出解决方案；技术预研，指的是在某个产品在应用前景不够明朗的前提下，只要能够为企业的产品提高市场竞争力也会对其进行立项研究。

任正非说："科技创新不能急功近利，需要长达二三十年的积累。"事实证明，华为能够走出国门，能够在国际市场中占据一席之地，主要是因为华为敢于投入和付出，比那些谨小慎微、不舍得投入研发资金的企业多了几分魄力和成功率。回顾2015年，华为用于研发的投入经费在90亿美元上下，而在2014年全球上市公司中，研发经费排名第十的只有85亿美元，在其余的没有上市的企业中，没有一家能够超过华为，华为单单依靠经费投入就顺利进入世界前十位，而在2015年，苹果的研发投入也只有60亿美元，位列全球排名第十八位。

华为在终端领域的成就依靠技术研发的力量，使其成为国产智能手机的中坚力量，华为还依靠海思麒麟芯片节约了制造成本，打破了对国外芯片制造商的垄断。基于这种成功经验，华为在2016年继续投入超过百亿美元的研发经费，成为全球前五位的高研发经费企业。华为依靠着高额的研发投入，在近几年进入移动端市场中赢得了主动权。

华为依靠通信设备起家，产品和渠道都建立在强大的研发基础上，所以华为的产品会有强大的竞争力。随着华为的软件产品、通信网络连接产品以及终端产品等几个支柱业务的相继建立，华为的产品链得到了进一步的充实。

华为投入的经费越多，其研发能力就越强，形成了"马太效应"，让华为的产品覆盖面和设计领域逐渐拓宽，而通信领域原本就是以技术见长的，竞争非常激烈，特别是在华为进入智能手机市场之后，对技术的依赖性越来越大，为了改变现状，华为会加大对核心技术的自主研发，减少进口授权，用中国制造替代国际知名品牌。

2017年，华为正式推出了投资10亿元的"耀星计划"，这是因为华为意识到，随着终端云服务即将成为智慧移动终端竞争的战场，需要投入资金助力未来的竞争。现在华为终端云服务全球注册用户超过了 3 亿，注册开发者超过了 33 万，而华为应用市场应用下载累计超过 1100 亿次。根据预测，2018 年华为智慧云服务将普及到 100 个国家，未来智能手机将不再是简单的通信工具，而是成为现实社会和数字社会相互融合的电子助理。

根据华为公开数据显示，从 2007 年到 2016 年，华为总计投入 3130 多亿元人民币的研发资金，成为中国科技企业的纪录保持者，能够像华为这样持续蝉联全球第一在国内并不多见。华为之所以敢于大笔投入研发资金，很多业务出发点并非为了盈利，而是为了完成业务数字转型的需求，只有不计回报地投入才能减少未来可能遭遇的风险。

如果单从研发投入对企业规模的营收的促进上，华为现在和研发百亿美元的主要科技企业不相上下，然而促进企业效率的利润上始终存在着差距，这也是华为和这些企业在创新方法论和模式上的差距，因此在研发投入持续提升的前提下，华为不仅要保持研发投入，还要凭借产业的发展变化尽快调整自身的创新方法论和模式。

正因为华为的持续投入，才获得了技术力量的快速提升。从研发投入方向来看，华为主要集中在电信领域，帮助其成为基础设施供应商的佼佼者。对于中国企业来说，研发投入是普遍存在的短板，即便有利润的企业也不愿意拿出资金投入，从而企业未来的核心竞争力欠缺。华为这种持续的研发投入形成了独有的可持续性竞争力，使其在多个产业中技术遥遥领先，为未来的技术比拼锁定胜局。

产权是一记"重拳"

"当花瓣离开花朵，暗香残留，香消在风起雨后，无人来嗅……"相信很多人都熟悉这段歌词，它是《金粉世家》的主题曲《暗香》，然而未经词作者陈涛授权，北京现代力量公司在制作沙宝亮的歌曲专辑时收录了这首歌，引发了一场官司，以陈涛胜诉告终。时至今日，沙宝亮不能在商业场合唱自己的成名曲。

现在是知识产权时代，是专利拥有者的狂欢，被一度热炒的 IP 就是印证它能量的代表。知识产权战略已经成为一些科技型企业凝聚核心竞争力的关键。同样作为技术型企业的华为，一直将知识产权看成企业的重要竞争力。

2015 年，华为向苹果许可专利 769 件，而苹果公司向华为许可专利 98 件，也就是说华为开始向苹果公司收取专利许可使用费，双方签订了一系列协议，覆盖 GSM、UMTS 等无线通信技术，至此外界才得知双方的专利数量。不过，由于签署了保密协议，现在还无法得知苹果向华为支付的使用费是多少，如果根据爱立信和苹果的专利许可费用计算，大概是几亿美元。

从近几年华为的知识产权局可以发现，华为的专利许可数量高于同行的很多企业，在专利总储备量上和爱立信旗鼓相当。华为从一开始就坚持开放合作的战略原则和态度，而且随着全球化进程的加快，华为更加坚定知识产权战略，展现出清晰的竞争思路。

闻名世界的硅谷是高端专利技术的摇篮，诞生了很多人间奇迹。硅谷的奇迹"发展史"是这样的：当某个人发明创造了一项技术之后，很快会有人闻风而至，开出不菲的价码购买这项技术的使用权，最终投资该项技术，不久，该项技术就会升级为一个产业，催生出全新的产品概念，引领新的消费风潮，在注入了技术的产品占有市场之后，还会推动后续的新发明，循环往复。从这个角度看，硅谷就是在技术诞生和技术转让的过程中一步步发展壮大的。随着硅谷的崛起，人们开始重视公共权利的重要性，意识到知识产权是无形的财富，因此要确立专利保护制度。

中国专利的内在价值在全球位列第一，但是存在一个明显的短板：转化能力不足，无法将技术产出实际价值。正是认识到这种现状，华为才坚定地储备专利技术，待到时机合适时将其转化为生产力和经济效益。从国际竞争的角度看，华为需要增强专利开发和专利保护的意识与能力，这也是推动华为国际化进程的重要驱动力。

如果跳出企业自身的利益而站在国家的角度看，知识产权具有保护国内公平竞争力的作用，让侵权者受到惩罚，保证市场交易秩序的公平性，同时也是为了增强自身在国际市场的竞争力。在全球经济一体化的今天，无论是否走出国门，你都要面对和国外技术相对抗的现实，因为外面的技术会被源源不断地吸引进来，特别是类似华为这样的技术型企业，故步自封只能加速灭亡，而打开窗户就要接受世界先进理念和技艺的挑战。因此，专利技术是保障企业不被淘汰的支撑杠杆。

任正非曾经对华为的知识产权和专利制度进行过精彩的公开论述："华为这28年来，坚持做一个开放的群体，始终没有停止过开放。我们以开放为中心，和世界进行能量交换。只有开放，才有今天的华为。"

1995 年，华为成立了知识产权部，部门专业人员超过 100 人，这是华为在专利产权领域的先验性举动，同时代的很多企业甚至不知道专利的意义在何处。与此同时，华为还制定了一整套系统的知识产权、版权保护制度和流程，制作了管理公司知识产权的指导手册等读物。此外，为了激励员工进行技术创新的积极性，华为还出台了多阶段奖励政策，激励每一个技术人员努力为华为开发出新的专利成果。

既然华为如此看重专利技术，那么它到底对华为有着怎样特殊的意义呢？任正非在谈到支付专利许可费时这样说："要让大家愿意搞原创的前提是尊重知识产权，如果不能对知识产权有足够的尊重和认可，就没有人愿意进行原创性创新，而是将注意力放在抄袭和模仿上，尊重知识产权虽然要付出一定的成本，但华为愿意通过'借船出海''以土地换和平'的方式去攻坚克难，最大限度地清理障碍。"

如果华为不重视知识产权，经过一番殊死拼杀之后到达了山顶，却发现山腰和山脚的基础专利都在西方企业的手中，那么华为站得再高也要任人宰割，无法在顶峰长久立足。因此对华为最明智的做法就是，干脆留下"买路钱"——交纳专利费。如果不舍得从兜里掏银子，那么就通过自身的能力进行专利储备，而不是借用了别人的专利还抱有不被发现的侥幸心理。

现在，知识产权战略已经成为华为的核心市场竞争战略，为了保证企业的可持续性创新，华为每年将不少于 10% 的销售收入用于产品研发并将研发经费中的 10% 投入新技术研究工作中，形成了持续创新发展的有效机制。为了始终站在国际科技领域的前沿，华为还参与到国际电信技术的标准组织中，有几百名华为员工进入这些组织和机构中，凭借他们自身的影响力为华为赢得话语权。

华为有一句口号叫作："我们要用今天的投入，构建起华为明天的竞争力。"很多人只是看到了华为每一年的利润增长，而华为不会盲目追求利润，而是要坚定不移地追加研发投入。目前，华为的研发资金分为两个部分，一个是支撑产品开发的投入，为了满足客户需求制订解决方案，另一个就是用于创新的投入，是为了满足未来战略的需求。

2016年，华为的研发投入占总收入的17%，一些人认为华为增产不增收，其实这是华为在知识产权方面的投入。截至2016年12月31日，华为累计获得专利授权62519件，累计申请中国专利57632件，外国专利申请数量高达39613件。需要注意的是，专利申请数量并不等同于企业在专利方面的积累和优势，只有被授权的专利才拥有真正话语权，特别是在国际领域的专利诉讼案中，一律以海外被授权专利作为法律依据。正是基于这个原则，苹果才向华为支付高昂的专利费用。

从1995年到2000年期间，华为开始进入国际市场，很快就发现在国内不曾遇到的问题：西方企业极其重视知识产权，无论是持有者还是使用者。适逢中国准备进入WTO，通信行业的很多国际公司都找到华为收取许可费用，一部分甚至开出了1%到7%的缴纳比重，除此之外还有其他付费内容，对华为是不小的经济负担。从这个时期开始，华为意识到知识产权的重要性。2000年以后，华为全面进入国际市场，意识到一个没有专利的企业就失去了市场竞争能力，于是华为为了遵守国际化的游戏规则，就主动向西方寻求并获得他们的许可，为了减轻负担，华为加大了对专利技术的投资，从而获得更大的生存空间。

华为能够跻身世界一流企业，将一度打压自己的科技大鳄打败，主要得益于华为的知识产权战略。知识产权能够增强企业的核心能力，华为每年拿出不低于销售收入的10%用在产品研发和技术创新方面，确保了参与市场竞争必需的知识产权能力。从另一个角度看，知识产权竞争是企业与企业有关实力和势力的博弈，是常规性的商战工具。华为坚持和众多知名企业建立良好的协商机制和交叉许可机制外，也在客观上扩大竞争优势，掌控谈判话语权。而且，当华为面对专利纠纷时，能够轻松运用诉讼程序牵制对手，为自己争取更多的有效时间，最大限度地赢得战机。在全球的商战模式中，凭借程序正义赢得实体正义是惯用手段。

从深层意义来看，华为实施专利战略也是为了更密切地和世界结合。当今世界的发展潮流是和世界相互连通，如果自己苦心钻研的技术和别人完全不是一个体系，不能符合标准化趋势，这种我行我素的创新无异于自掘坟墓。有些企业认为这种搞特殊的办法能够控制市场，然而在经济一体化的今天，信息高速通道对任何人都是重要的，一旦谁切断了这条道路就会在封闭的世界里闭门造车，最终脱离市场、脱离大众。

知识产权的对接就是为了和世界的发展主流保持同步，这样才能有利于华为和其他巨头争夺市场。对华为而言，专利的最重要意义是保证华为遍布全球的业务安全，能够保证华为消除自身落后的观念，尽管华为的很多专利并没有投入使用，但这是一种储备的竞争工具。

综观很多国际上的知名企业，都设立了专利许可部门，具有很高的权威性，他们主要研究的内容都是基本专利许可问题，华为一再向这些企业看齐，频繁申请专利但并不只是为了收钱，而是为自身确定产业价值和战略方向。华为依靠产权战略赢得主动权的案例，正在被更多国内企业学习和借鉴：企业在战略上可以做宏观规划，但是在具体案件的战术方面则需要引入外脑，提高胜算率。

别心软，不淘汰就留不下精英

无论从事何种行业的企业，都需要相当数量的人才作为劳动者，但是每个劳动者创造的价值各不相同，对企业来说，那些具有专业精神和专业技能的劳动者才是最需要的。比如，一个销售经理具备了基本的业务素质，跟客户已经谈妥了合作正准备要签合同，却在这个关键节点上忽视了巩固客户，导致竞争对手抢走了客户，那么这个销售经理就是缺乏专业精神和危机意识，只能算作一个普通的劳动者而非精英，如果他所在的企业需要精简人员的话，他很可能会在残酷的筛选中被踢出局。

有两个人去草原上旅行，走着走着，路边突然蹿出一头狮子，恶狠狠地朝他们冲了过来，于是二人拼命地奔跑起来，眼看狮子渐渐逼近，其中一个人问另外一个："你能跑过狮子吗？"对方回答说："我只要跑过你就行，因为狮子可以吃你，我就有救了。"这个故事虽然简单，却十分精练地描述了一个名词：末位淘汰制。

末位淘汰制度是从西点军校中学来的，它的原本目的是压缩队伍，激活组织，鞭策后进者，最终培养领袖。潘石屹说过一句话：末位淘汰制就是我们探索出来的一流的销售制度。末位淘汰制作为一种企业管理制度，在运用合理的前提下具有很多的积极作用。首先，能够提高员工的工作效率，增加企业的经济效益。在末位淘汰制的压力下，员工必定会保持一种紧迫感，这种工作氛围会互相"传染"，最终在企业中、在团队里形成竞争的气氛，能够最大限度地调动员工的积极性和主动性。其次，末位淘汰能够让企业科学合理地设置岗位，用较少的人力资源产出最大的经济价值，避免人浮于事，降低企业运营成本。

华为需要的是精英，只有精英才能为华为创造价值，才能不断产生工作的主动性，才能为企业提供创新动力。《华为基本法》中写道："华为公司保证在经济景气时期和事业发展良好的阶段，员工的人均收入高于区域行业相应的最高水平。"当然，基本法并非是一成不变的，也需要跟着市场环境的变化作出相应的调整和解释。企业不是做慈善，当财政入不敷出时就必须要采取一些特殊手段。

2017 年，一篇关于华为"清洗"34 岁以上老员工的新闻在网络上广泛流传，借助一些媒体的非议不断发酵。这则新闻是从华为的论坛中传播出来的，有自称华为员工的匿名用户声称华为中国区开始集中"清理"34 岁以上的交付工程维护人员，而研发部门则清退 40 岁以上的老员工，其中大部分是程序员。

一般来说，大规模裁员往往是企业人力管理的大忌，那么华为为什么作出这种"惊世骇俗"的举动呢？对此华为的解释是，这次裁员并非是"清理"，而是退休。其实早在 2015 年，华为就强调："持续优化组织结构以及组织运作模式，精简组织，提高效率。"当时，华为大刀阔斧地对运营商事业部的上万名员工进行筛选淘汰。

任正非说："华为是没有钱的，大家不奋斗就垮了，不可能为不奋斗者支付什么。30 多岁年轻力壮，不努力，光想躺在床上数钱，可能吗？"

企业发展总有用人和裁员的不同阶段，只是华为一向给外界高速发展的印象而忘记了华为的基本诉求：确保雇用的每一个员工都能为企业创造价值。现在，当外界得知华为要减员时难免引起议论。如果追根溯源不难发现，在 2016 年，华为的智能手机发货量达到了 1.39 亿部，紧追三星和苹果，全球市场份额也达到了 11.3%，然而在进入第三季度之后，全球界智能手机市场的总营业利润是 94 亿美元，而苹果一家就占据了 85 亿美元，换言之，苹果以 11% 的市场占有率攫取了世界手机市场 91% 的利润。相比之下，落后苹果的华为、VIVO 和 OPPO 的利润占比分别是 2.4%、2.2% 和 2.2%。

一个不可回避的现实是，目前中国的智能手机尽管在总销量能够和苹果平起平坐，但是只要进行利润统计就会被苹果超越。根据 2016 年华为的年报可知，华为的利润率仅仅达到了 7% 左右，也就是说华为虽然在 2016 年比 2015 年的营收增加了 1300 多亿人民币，但是只增长了 10 亿人民币上下，意味着新增收的 1300 多亿没有贡献有效利润。

市场竞争日益激烈，竞争对手日渐增多，这些不利因素都在迫使华为从人力资源方面作为切入点为自己"减负"：用最少的人力创造最多的效益，也就是精兵战略。所谓精兵，就是超过普通士兵的强兵是精兵，他们能够在现代商业竞争中发挥自身优势并攻击对手弱势，他们数量不多但是能量很大，能够消耗较少的人力使用成本，更能提高组队、沟通、管理的效率。

一个能够适应现代商战法则的企业，必定是能够合理控制精英占比的企业，依靠裁减或取消不必要的冗员和组织来提高企业的市场生存能力。华为的人力资源使用原则是："用三个人的钱请两个人干五个人的活，只有对一些不适合企业发展的员工劝退，才能保证剩下的有能力者的工资上涨。"

一些企业也懂得精兵简政的重要性，不过具体到操作时会犯错，比如将一些没有背景和关系的员工裁掉，或者是将一些能力强但情商不高的员工裁掉，结果人数虽然减少了，但战斗力并没有提升，甚至扰乱了企业正常的人力资源管理秩序，致使企业越裁员作风越陈旧。相比之下，华为的淘汰机制避免了这一类问题，因为华为从来没有论资排辈的说法，一个新员工只要足够优秀，很可能会在几年内成为骨干力量，甚至实现连升三级的火箭式上升。

华为的"精兵策略"并非是要清退老员工，因为在华为工作5年甚至10年的员工也有很多保持着工作积极性的，他们所创造的价值并不会低于那些刚入职的年轻员工。相反，有些员工虽然年龄不大却无法适应华为的发展节奏，不能以最佳的状态去完成任务，因此华为的精兵政策并非真的卡死在34岁这个门槛上，而是根据员工的实际情况具体问题具体分析。

华为的"精兵战略"是一个动态的管理过程，是要对各级优秀干部循环赋能，让他们在内部不断成长，以此适应各种严酷工作环境的考验，另外华为也要求他们具备跨部门、跨专业的作战能力，不过这并非苛求人人都变为全才，而是让每个员工都掌握一定的学习技巧，像海绵一样不断吸收知识和经验，练就打硬仗的本领。为此，华为在挑选各级骨干力量时实行少数服从多数的表决机制，要向上级团队报告本团队的集体意见，而不是某个负责人的主观评判，在这种机制下挑选出的人才是经过火炼的"真金"，对那些特别优秀的员工，华为也会破例提拔。

在华为看来，精英并非金字塔尖的那些人，而是广泛存在于各个层级、各个岗位的优秀分子，因为只要有人工作的地方就能产生精英，华为的人才筛选机制就是从千万条战线中挑选出精英，形成组合力，会聚成一支能征惯战的大部队。

随着业务规模的扩大，华为只能越来越侧重"精兵战略"的实施。最近几年华为多次提到精兵模式。在华为看来，即便像苹果这样的国际顶尖企业，人数也不过11万人上下，而华为的员工总数已经超过了苹果数万人。如果华为继续坚持国际化路线，还会有更多的人被淘汰，这样才能更好地适应华为的企业发展速度。同时，精简人员也是为了砍掉多余的业务领域，聚焦力量于主航道上。

对企业而言，选拔优秀员工和淘汰多余员工是一个永恒的主题，也是一个碍于情面不易处理的问题。不过，淘汰员工并非对他们的伤害，因为一部分员工只是不适合从事目前的工作，在重新择业后也许会有更好的出路，如果勉强留用对企业和员工双方都得不偿失。从这个角度看，企业淘汰员工并非恶意行为，毕竟任何企业都是以营利为目的的，人才的使用看重的是性价比而不是感情和面子，这才是市场的选择和竞争的必然。

知识管理决定经济效益

随着知识经济时代的到来，企业的发展不仅需要依靠资本和劳动力等传统资源，还需要依靠知识和技术。21世纪是一个全球经济化的时代，开放式创新给企业的高速发展创造了有利条件，知识管理的优劣将决定着企业核心价值的高低。任正非说："知识不是最重要的，重要的是掌握知识和应用知识的能力和视野。"

华为是一个十分重视知识管理的企业，依靠项目知识管理、知识社区以及知识资产三个方面的时间，构建了树状的知识管理结构。在这个体系中，枝叶是对事件的梳理、复盘和总结，树干是建立结构化的知识管理社区，树根是核心能力交付件。通过树状的管理结构，华为在实践中强化知识和业务流程的关系，支撑了技术产品为主的业务增长。

不同的企业有不同的知识管理策略，不过有一点是共通的，就是为企业的战略进行服务，要在知识管理体系中融入企业文化。典型的案例是腾讯，它所采用的知识管理核心是打造员工分享的文化，建立以互联网思维为主导的知识社区。与之相似的是新东方，它的知识管理目的是沉淀教师的知识经验，力争让平台为广大学员提供一站式的服务。

华为的工作重心在于满足企业的盈利需求，因此知识管理的重点是避免在经营和管理中犯重复性的错误，实时更新知识结构。对华为而言，知识管理是企业改革的一项重点工作。早在十几年前，华为使用 Notes 办公平台时，公司的研发人员会在 Notes 有 BBS 论坛，充分做好知识分享工作，很多人甚至利用休息时间在论坛上讨论技术问题，后来由于信息安全等原因最终关闭。不过，华为的研发人员一直向往有这样的平台存在。2008 年，华为在研发区打造了 Hi 3MS——一个信息交流和知识分享的平台，让技术人员能够及时互换有价值的思想。除此之外，华为的非研发人员也渴望建立类似的沟通平台，于是建立了 Connect 社区。在这些知识分享园地中，华为鼓励员工积极交流，遇到难懂的问题通过发帖子来互相解惑。随着业务规模的扩大，华为不断完善这些平台的建设，请来一些专家传授知识管理之道，还成立了公司级别的知识管理项目群，系统地推进知识管理的正常开展，让华为的员工在交换知识和经验的基础上为企业创造价值。

既然知识管理如此重要，那么怎样区分哪一类知识可以为企业带来经济效益呢？事实上，知识管理的价值核心不在于知识本身，而是让员工掌握运用知识的能力和技巧。

英国石油曾经在几个油田开采石油，在第一个油田开采时耗费了 6 亿美金，这笔钱给该公司带来了很大的负担，因此在开采第二个油田时打算缩减开支，于是总结了第一次开采时的经验和教训，让后来的开采成本降低到了 5 亿美元上下，这就是利用知识管理为企业产出经济效益的典型案例。

2012 年，华为在研发 5600T 产品时，为了确保不出问题设定了试点，在年底进行总结时，发现和过去的版本相比，衡量质量缺陷的指标大幅度降低：过去一个测试用例的开发需要 1.5 小时，而现在只需要 10 分钟，极大地提升了工作效率和团队执行力。2013 年，华为召集北非的主管开会，北非总部认为一线项目经验的分享做得不到位，比如国内一些先进经验没有传到海外，导致经验的浪费。在北非总部的全力倡导下，主管们开始借鉴国内市场的开拓经验并将在埃塞俄比亚的市场开拓经验进行知识收割，将项目背景、项目攻克手段等知识体系梳理清楚，大大提高了一线的任务推进速度。

知识是看不见、摸不着的东西，它储存在人的大脑当中，要想充分利用它必须将知识放入某个载体当中，然后再让员工认真吸收，将知识变为每个人的能力组成部分。华为的知识管理，重点就在于如何完成这个转化和迁移的过程。任正非强调，华为的员工都要善于总结，因为人的思想如同一根根丝线，总结一次、打个结就形成了结点，而4个结就编织出了一个网口，打的结多了就形成了更大的网，就可以捕获到大鱼。

华为的知识管理侧重于解决三个核心诉求。

第一个诉求，寻找知识。

对华为来说，公司内部并不缺少知识和经验，但是它们分散在各个系统和部门当中以及员工的电脑里，所以需要将这些知识有机地整合起来，分门别类，传递给最需要的人。

第二个诉求，寻找能人。

能人就是某个领域中的专家，他们在完成项目时具有一定的工作方法和能力，对华为来说要将这些能人明确地划分出来，让他们贡献自己的知识和经验，对新老员工起到传帮带的作用，促进他们个人价值的最大化。

第三个诉求，协同作战。

华为是由一个个小团队组成的巨大团队，单靠一个人无法完成任何项目，所以需要让团队成员保持日常的沟通和交流，让他们的知识和经验共享并以此为切入点促进他们的密切配合，这样才能增强团队和个人的战斗力。

华为在重视三个核心诉求的前提下，将引入知识社区作为启动知识管理的关键步骤。首先，华为会引入专家博客和微博功能，通过这些网络社交平台让员工快捷地践行知识和经验的分享。其次，引入专家问答功能，让他们的能力有传输的渠道，也让员工有寻求帮助的入口，这样还能避免专家重复解答问题的概率，强化沟通效果。最后，引入团队功能，华为的部门团队和项目组团队都能够依靠团队功能完成文件共享、任务跟踪、心得讨论等细化目标，促进员工知识的有形化，快速满足华为对知识管理的需求。

知识管理是需要长期管理的经营机制，需要企业从组织、文化等多方面入手，优先依靠知识社区来满足企业的通用需求，推动企业从无到有的发育过程。

任正非曾经做过一个测试：让服务员模拟制作榴弹炮。开始很多人觉得不可思议，因为一群门外汉不可能完成这个任务，因为他们对榴弹炮丝毫没有概念。然而让人们意想不到的是，这些服务员依靠上网检索原理和搜集图纸，真的就掌握了制造榴弹炮的虚拟技能。由此可见，人的潜能是无限的，知识是可以跨界的，只要管理知识的方法得当，企业可以为自己培养各类需要的人才。

华为将知识管理贯彻到每一个组织部门当中，以客户服务中心为例，他们每天都会将当天客户投诉的问题保存在知识库之中，技术人员在接到客户服务中心的通知后，会将解决问题的方案录入知识库内，经过长年累月的积攒，知识库中存储的有价值信息越来越多，当日后出现类似的投诉时，华为的客服人员即便没有技术人员的帮助，也能第一时间帮助客户解决问题，实现了快速反应的售后服务机制，而且还将个人的经验和知识变成了组织的知识，帮助客户服务人员和技术人员增强了个人能力，让知识在个人和组织当中实现了良性的循环。

华为深刻地意识到，在知识经济时代，知识管理的终极目的是要实现知识的显性化、格式化以及规范化，这样才能保证知识的保密性也能完成知识共享，让个体优势扩展为集体优势，让局部优势扩大到整体优势，充分提高员工的能力组织，最终拉动企业的经济增长。

知识管理的主体永远是人，企业要想获得知识并进行加工处理，必须对专业人员进行相关的培训，因此知识管理不投入充足的资金和人力资源是难以完成的。华为在技术研发领域的巨额投入也是对知识管理的侧面推动。有了足够的研发经费的保证，才能让技术人员产出更高的技术成果，从而让更多的人分享尖端技术。

知识管理需要有效的人力资源管理体系作为辅助，这样才能让知识人才反作用于科技研发的健康发展。因此，华为在人才培养、人才激励以及人才淘汰等方面都建立了合理的管理制度，以不断加大研发投入为推手，促进华为在开放式创新环境中的知识管理效率。

作为科技型企业，知识管理是维持企业内力调和的关键，它决定着企业能否将新旧知识和经验完美融合的结果，也影响着企业经济增长的格局和规模。华为系统地实施知识管理，在企业内部创造一个有利于促进知识共享、鼓励知识创新的良好环境，让十几万知识型人才关系和谐、相互信任、直言敢谏，始终保持在思维高度活跃的状态中，最大限度地调动了他们的劳动积极性和创新的主动性。

按"知"分配是华为特色

华为从 2 万元创业资金起家，经过 30 多年的奋斗成长为世界 500 强企业，能够在通信设备领域创造如此大的成就，这要归功于华为依靠知本创富这一秘诀。任正非多次强调知本主义，意图通过调动人力物力资源搞研发会战，不给竞争对手回击的可能。

《华为公司基本法》（以下简称《基本法》）是华为公司的精髓，又是华为文化的精髓。《基本法》可以说在这些问题上进行了极为有益的探索。《基本法》对华为公司的宗旨、基本经营政策、基本组织政策、基本人力资源政策以及基本控制政策做了系统的描述。其中，价值分配制度和人力资源管理是最核心和最有特色的部分。

任正非认为，分配问题才是企业管理进步的阶梯，华为的成功之处不是给予员工优厚的待遇，而是利用了"知本"的核心价值，将知识和劳动转化为资本。

在《华为基本法》中的第二条就明确提出了"尊重知识"，虽然这并非华为的原创，却在华为身上得到了充分的实践应用，而且结合自身经验为"知识"增添了新的内涵，创造了一种全新的管理机制，让知识成为推动华为不断壮大的动力。

立足于中国传统文化来看，知识一直被先贤们所提倡。一位美国学者在 20 世纪 60 年代也提出了"知识社会"和"知识经济"这两个概念。华为之所以如此看重知识的重要性,在于将"知本主义"的思想贯穿在《华为基本法》之中,因为华为本身就是科技型企业,知识人才密集,因此任正非这样说:"我们要建设一个强大的基础,摆脱对人才的依赖,对资金的依赖,对技术的依赖。"在他看来,华为只有不依赖这三者才能让企业从必然王国走向自由王国。从这个角度看,华为的发展需要依靠能够激发员工积极性和潜力的知识,让员工不间断地为企业创造价值,这个就是知识资本化机制。为了完善这一机制,华为需要建立一个庞大的知识资本平台,让每个人都能在其中发挥作用。

有很多企业提倡以人为本,这和华为的"以知为本"存在着差别。华为眼光独具之处在于,华为不允许有不可替代的人才出现,这可能会破坏企业的集体奋斗价值观。事实证明,华为的"以知为本"超越了"以人为本":只有融入华为的企业文化才能有所作为。

尽管华为成为世界 500 强,但和国际一流的企业相比,资金仍然有限,这些企业的研究人员只有几万人,却能创造远超华为的营业额。所以华为必须依靠知识的力量,将无形资产转变为有形资产,这才是华为摸索"知本主义"的终极目标。毕竟,资源可以枯竭,而文化则可以代代相传的。"知本主义"正是一种重视知识资源,对知识价值能够合理评价的企业运营机制。

有了"知本主义"作为思想先导,华为的价值分配也强调知识的作用,将劳动的作用放在次要位置,这是对劳动价值理论的完善。因为劳动是难以量化的要素,华为更需要的不是体力劳动而是知识劳动,任正非强调"思想上的艰苦奋斗"就是让华为人多动脑,动用知识。通过将知识劳动这一概念深化,有利于对员工形成新的知识性刺激。

华为推行"知本主义"的优越性在于能够让企业具有更强的文化包

容性，相比于西方企业，"知本主义"能够集合资本主义中按资分配的主要内容，满足员工利益最大化的欲求，让员工具有更强的积极性和创造性，而且"知本主义"也不否定按劳分配的理念。相比之下，单纯的按资分配和按劳分配都有各自的弊端，丧失劳动能力的人不能让他饿死，而只有资本又不劳动又会被认为"剥削"，"知本主义"恰好在二者之间找到了一个弹性的结合点。

"知本主义"实践的破局之处在于将资本和知识放在和谐统一的位置上，打破了传统经济学和传统资本主义默许的财富让人获得权力的观念，然后将知识加入财富分配的体系中，让企业内部的管理机制扩大了内涵。在"知本主义"的倡导下，华为强调智力合作中，员工和专家进行思想碰撞而产出经济效益。因此，按"知"分配是华为崇尚的新时代分配原则。

任正非曾经多次强调，华为是搞技术创造、产品创造和市场创造的，而非从事思想创造。如果华为沉迷于思想创造一定会背离事实，甚至忽视了对经济效益的重视，会给华为造成灾难性的后果。所以，华为应当将探索"知本论"的"知本"留给自己，而将"论"这个难解的谜题交给学者去研究。简而言之，华为要利用"知本主义"的实践价值而不是理论价值。

华为敢于用"知本主义"作为企业管理机制的思想，具有一定的风险性，因为它事关企业内部利益分配的问题，如果出现偏颇可能会引发意想不到的后果。在实际操作中，有形价值和无形价值很难界定，容易走向主观化，但是为了突出"知本创富"的原则，华为又不能抛弃这种方法论。从这一点上看，华为在思想意识层面走在了时代的前列。

华为的分配制度解决了按劳分配和按资分配的基本矛盾，是现代企业管理的成功探索。华为对传统资本要素进行了分析，将企业家和出资者明确划分开来，强调了企业家在各企业要素以及经营资源中扮演的角色，同时结合了华为是科技型企业的特点，将劳动和知识两大要素分离出来，强调了知识劳动为企业创造价值的意义。华为对价值分配的探索基于企业成长的客观需要，随着企业规模的不断扩大，华为需要给予员工和出资者相对公平合理的回报，如果处理不好这对矛盾，就会让新老员工在价值分配上处于对立关系：老员工依靠股权进行按资分配，新员工依靠知识按照劳动分配，从而避免了企业内部的派系纷争，有助于凝聚团队战斗力。

作为高科技企业，华为对经验的依赖性不如对知识的依赖性，所以掌握更多知识的新员工很可能是华为未来发展的主要力量，只有让他们贡献出头脑中的知识才能顺利转化为生产力，因此"知本主义"是消除新员工心理不平衡的有效工具，能够推动他们创新能力的发挥，同时也有利于敦促老员工在既得利益的基础上居安思危，用危机感鞭策他们继续为企业做贡献。

《华为基本法》的第十七条指出：用转化为资本的形式，使劳动、知识以及企业家的管理和风险的累积贡献得到体现和报偿。在任正非看来，不能绝对地认定有利润增长的资本分配给最初的出资者，必须考虑到其他奋斗者的利益，对于那些跟不上企业发展节奏的人要果断割取他们所获的某些利益，这样才能避免分配制度的僵化，肯定了劳动创造价值的意义，最大限度地为华为挽留优秀的管理人才和技术人才。基于这种认识，华为才创造了"股权动态分配"。

股权动态分配是华为的特色分配机制，这是将按劳分配嫁接到按股分配的机制上，依靠对员工的工作能力、可持续性贡献、发展潜力等要素进行评估，加上股权的安排形成了一种更科学的分配机制，确保对核心人力资源的有效控制，广泛增强了员工的归属感。另外，股权动态分配制度也能够保障出资者的剩余价值索取权，达到既实现了企业可持续发展所必需的所有权和管理权的分离，又能以知本为联络点将二者统一起来。

事实上，无论是知识资本化还是知识权力化，两条道路解决的都是如何将知识转化为财富的问题，这才是华为用尽全力思考和解决的难点，也是其他企业无法回避的永久课题。华为的股权动态分配也会随着时间的推移日渐完善，成为"知本创富"的有力证明。

华为推行"知本主义"的重点在于资本化和权力化，并非强调商品化，这也是华为企业文化作用下的高远视角的体现。只有奉行了"知本主义"，才能推动知识的创造和交换，将知识型人才真正从利益纠纷和权力争斗中解放出来，给予他们最合理的物质回报。华为通过对价值形态的转化，调和了知识和资本之间的固有矛盾，对华为的未来发展和经济增长起到了重要的推动作用。

第六章

信仰至上——华为的企业文化建设

《华为基本法》是根本大法

人类历史中有一部重要的成文法典——《汉谟拉比法典》，它基本完整地继承了两河流域的法律精华并使之升华，虽然它承认奴隶主阶级的统治地位并维护其利益，但是它不受宗教挟制，为确立社会秩序以及调整奴隶制国家的社会关系起到了重要作用。

在人类的生产和生活中，成文法律法规具有重要的导引作用和约束作用，它是稳定社会秩序、集体秩序乃至个体行为规范的保障。同理，对于以追求经济效益的企业来说，也需要有自己的经营法则和管理制度。在国内曾经盛极一时的"马钢宪法"和"宝钢经验"就是典型的代表，不过它们都是出自钢铁行业。在20世纪90年代，电子信息行业中也诞生了一部成文法——《华为基本法》。

《华为基本法》是牵引华为由企业家管理升级为职业阶层管理的根本大法，任正非不止一次强调《华为基本法》是华为企业文化思想的精髓，能够让全体华为人形成最强的合力。如果不能理解《华为基本法》的深刻内涵，管理者就不能指导自己的部下，也不可能进入华为的高层。《华为基本法》的一个重要作用就是让真正了解管理内涵的人成为华为的中坚力量。

华为是国内首个在科技型企业当中提出自己纲领的企业，虽然有"宝钢经验"之类的前作，但是钢铁行业和电子信息领域的华为相比有着技术含量上的差别，因此《华为基本法》与这些文件有很大差别，最突出的就是强调知识的价值、评判知识的价值以及重视知识的创造等新内容。

1994年《华为基本法》初现雏形，当时编写的目的是宣传华为的企业文化。对于华为而言，一个企业不必急于抢占市场，那是一种短视的行为，而是要先解决企业价值观的问题，比如自己该做什么、能做什么以及不该做什么、不能做什么。因此在《华为基本法》中的第一句话就表示要成为"电子信息领域的领先者"，除了电子信息领域，其他的事情一律不做。到目前为止，华为没有做股票也没有做汽车。

《华为基本法》的字数并不多，却将华为的基本准则都写了进去，通过这些准则，华为统一了思想和认识。现在很多企业连高层都不知道自己要做什么，导致想法混乱、视野狭窄，基层员工更失去了奋斗方向，自然就是得过且过，这样的企业不搞砸才怪。华为规避了这种现象，将企业的根本战略思想用文本的形式确定并固化，这是一种值得借鉴的创举。

事实上，华为的成功要素之一，就是隐藏在华为基本法之后的契约精神，这种契约精神让华为逐渐发展成为中国制造的领跑者。任正非之所以被称为经营大师，在于他不仅拥有一套顶级的管理思维，更能够以行动体现出契约精神的世界观和方法论。

《华为基本法》的出现，正是对企业发展战略作出规范和约束的表现。任正非在关于企业发展、政府关系、合作者关系等管理思想之中，既融入了中华传统智慧的精华，又融合了适应商业发展思想的契约精神。

如今在商界盛行两种说法，要么进化成狮子向上游产业发展，要么蜕变为绵羊向下游深入，究竟选择哪一条路，决定于企业的核心战略和价值观念。现在不少通信设备企业都面临着两难的选择，不过华为却能始终保持理智，因为华为守住了它的根本大法。

很多人并不明白《华为基本法》的重要性，它不是给华为订立规矩让每一个人去遵守，而是给华为吃下定心丸，不要在风云变幻的市场环境中迷失方向。对于华为来说，《华为基本法》明确了未来的企业发展目标，是在电子信息领域满足用户的需求，并通过锲而不舍的精神成为国际顶尖企业，这不仅是华为的梦想，也是中国人的梦想。这种价值体系通过《华为基本法》以文字的形式确立，让华为明确爱祖国、爱人民和爱事业是华为积极向上的动力，也只有明确了企业的社会责任和创新精神，才能不断给华为注入文化精髓，从而保证华为不偏离主航道。

一些企业由于不能坚持初心，偏离了既定的发展轨道，结果错失了升级或者转型的良机，而华为能够稳定军心，广泛吸收全球电子信息领域的高精尖成果，能够保持谦虚之心向国外的同行业大鳄汲取科研成果并能保持相对独立和自主的科研精神，这才逐渐在国际市场中扎下根基。如果没有企业核心价值观念的指导，华为很可能会迷失方向或者丧失动力。

《华为基本法》对员工是这样描述的：认真负责和管理有效的员工是华为最大的财富。员工是什么？是组成企业的分子，只有那些尊重知识和个性的员工才是事业可持续发展的动力，华为将这个认知结果写进基本法，客观上承认了人才的重要性。

虽然《华为基本法》中的很多认识拿到今天并不"先进"，然而在20世纪90年代，一个民营企业能够具备这种超越时代的认识实属不易。与此同时，华为也对老员工保留意见：不论过去为华为作出多大贡献，如果不能持续产出价值并且居功自傲，在华为都是不受欢迎的。基本法确保了华为不断注入新鲜血液，并让陈旧的血液被迫循环运动，就是保持着华为旺盛的企业活力。

《华为基本法》在修订的过程中遵循了"从贤不从众"的原则，不管是决策层还是管理层或者是执行层，只要你愿意贡献智慧的火花，都有机会对这部大法进行修改的论证，确保它的准确性与合理性。而且，华为会在调查部分民意的基础上层层筛选，最后保留一少部分精英代表和董事会以及执行委员会共同审议修改部分的提案并最终公布。

《华为基本法》中曾经明确规定，华为要成为国际顶尖的设备供应商，所以不能进入信息服务业，这是为了减少依赖性，要让企业内部的机制长期保持激活状态。回到当时制定的环境中，可以看出华为不进入信息服务业不想和运营商发生冲突，因为一旦进入这个行业，华为就是在自己的网络体系中制造自己的产品，就会缺乏改革创新的动力，在短期内一定会获得销量上的增长，然而因缺少压力会逐渐退步，失去突破自我的动力，产品一旦走出国门，将很难和国际上的同类产品竞争。

一个有底线和操守的企业才是令人敬畏的企业，华为清晰地看到了自己的发展路径，所以才能明确终极目标。由于没有触碰信息服务业，华为的产品质量日臻完善，在电信设备领域走到了前列，不会受到其他外界因素的引诱或者干扰，专心为满足客户需求而服务。

有人总结说，深圳经历了房地产和股票两个泡沫经济时代，华为却没有掺和进去，这并非华为故作清高，而是将有限的注意力放在了通信技术领域，不愿意拿出宝贵的精力和资源去做和《华为基本法》相背离的事情。当然，能够坚持一个目标不变绝非易事，《华为基本法》还处于草稿讨论阶段时，有不少人就反对给华为限定发展目标，但是经过争论之后终于统一了认识。对此，任正非预言说，在信息服务业日趋竞争激烈的未来，出售设备会越来越困难，这就要求华为必须逼迫自己做好产品，不然迟早会被市场丢掉。显然，这是一种置之死地而后生的朴素哲学思维。

从时代发展的角度看，社会在进步，人们的观念日渐更新，没有哪一个法则能确保永不改变，特别是产业领域，企业总要面对变化的市场需求和自身的结构调整重新选择，即便是国际上的知名企业也都进行过业务领域的调整。如此看来，华为给自己设限会不会是"自寻死路"呢？

对产业变化任正非早有预料，他认为信息产业将是21世纪最重要的产业，全球都关注这个产业，即便在国内也是和房地产比肩的两大产业之一。随着信息产业的发展，未来的软件和硬件的比例可能会达到9：1这种悬殊的比例。尽管如此，任正非还是要将华为坚持塑造成一个高质高效的硬件制造商，因为消费者对芯片的需求会迫使华为不断研究芯片制造能力，会提升华为在国际市场的竞争力，一旦华为的企业目标出现了分散，就会削弱华为的研发动力。

《华为基本法》是对华为10多年经验的总结和理性分析，凝聚了几千人的心血和汗水，会聚了两代华为人的思想结晶，是华为阶段性成功的"兵法"，并非某个领导者的主观臆断，是符合客观规律的智慧心得。《华为基本法》讲究的是承认客观事实而不回避现实，这也是华为人脚踏实地的工作态度的写照，它以先进、执着、特色的理念和其引导的企业机制不断引领华为人走向成功和卓越。

当然，仅仅依靠一部《华为基本法》，并不一定能让华为走向最终的成功，它并不是永恒不变的"圣经"，一旦产业遭遇了重大拐点或者市场发生颠覆性的变化，华为也会对其调整，如果还坚持基本法等于抱残守缺，那才是真的将华为逼向了绝境。但是有了《华为基本法》的存在，就能在华为前进的道路上指明方向，随着时间的推移，它会在内容上、结构上以及措辞上进行不断的修改和完善。对一个企业来说，永恒不变的并不是一部基本法，而是一种科学精神，一种探索和进取的原始欲念，这才是指引企业不断开拓市场的核心动力。

拿出奋斗者的精神

任正非在《达沃斯论坛演讲》中说过一段话："我们除了比别人少喝咖啡，多干点活，其实我们不比别人有什么长处。就是因为我们起步太晚，我们成长的年限太短，积累的东西太少，我们得比别人多吃苦一点，所以我们这有一只是芭蕾脚，一只很烂的脚……"

2015 年 3 月 18 日的《人民日报》上刊登了华为的一则广告：画面上是一双芭蕾舞者的脚，一只穿着漂亮的舞鞋，而另一只却赤裸着露出伤痕，旁边配上一行文字："我们的人生，痛，并快乐着。"事实上，在《人民日报》刊登之前，这则广告已经投放到海外，引起了很多人的共鸣。一位外国友人这样评价："这个广告非常有意义！这样的故事要讲给大家听，一定会得到很多人的认可，进一步了解华为。"

华为通过一只"烂脚"，向外界讲述了一个能够传承的让人唏嘘的故事：华为走向世界正是依靠着"奋斗者"精神，华为要想征服明天，仍然要坚持以奋斗者为本，对华为来说"奋斗者为本"不是一句空泛的口号，它已经深深地融入华为人的灵魂当中。

现在有些企业在宣传价值观时，过于粉饰自我，过于强调光鲜亮丽的一面而忽视了背后的艰辛，华为通过"烂脚"广告正是拨开了不为外界所知的真相：要想实现中国梦，就要成为奋斗者，这才是支撑一个人、一个企业、一个国家从平凡走向卓越的关键。

经商如逆水行舟，不进则退，只有充满危机意识，才能在企业发展的高速公路上保持领先地位，避免被竞争对手赶超，而这需要一股精神动力做"燃料"，在华为由小渐大的发展历程中，始终坚持"以客户为中心""以奋斗者为本"以及"长期坚持艰苦奋斗"的经营哲学，构成了华为不断完善自我的不竭动力。

华为经过30多年的努力，最终发展为改变世界经济格局的中国力量。华为的崛起引起了国内外的广泛关注，很多人试图从不同角度去窥探华为成功的秘诀，去破解华为的"基因密码"，其实华为的成功并没有多么高深的理论，而是广泛募集优秀的人才为企业效力，同时将人才转化为符合华为企业核心价值观念的"奋斗者"。

丰田流传着一句话："制造产品的关键是培养人才。"毫无疑问，人才是企业品牌价值的直接推动者，没有系统的人才培养机制，就容易出现人才断层，作为企业必须进行必要的人才储备。

华为推出"以奋斗者为本"的口号，强调不能用资本去束缚企业发展，如果有人离开了华为，只能放弃诸如内部股票之类的权利，也正是出于这种原因，华为才迟迟不肯上市。华为并不是担心员工获得更多的好处，而是担心上市之后很多人摇身一变成为百万、千万富翁，会让他们丧失身为奋斗者的初心本性。

网络上有人曾经公开过华为内部的一封邮件，内容是这样的："公司倡导以奋斗者为本的文化，为使每位员工都有机会申请成为奋斗者，请您与部门员工沟通奋斗者申请的背景与意义，以及具体申请方式。在他们自愿的情况下，可填写奋斗者申请，并提交反馈。"根据专业人士推测，这封邮件是华为的人力资源部门写给员工的，从中不难发现华为的很多员工为了留下来都会愿意签下这份合同，因为只有签字之后才是一个真正的"华为人"。

据知情人士透露，华为内部有 20 多个等级，中层管理大概位于 13 级到 16 级，经过调整之后，华为 14 级以上的员工都要签署这个"成为奋斗者申请书"。只有你签了这份合同才能在华为这个大团队中获得崭露头角的机会，只要你心甘情愿地拼搏和努力，就能得到更多的回报。

对华为而言，不能接受奋斗者要求的人并不适合华为。华为内部流行一个说法是"华为工资都是零花钱"。这句话可以从侧面证明华为的薪资待遇很高，这也是对于奋斗者辛勤付出的必要奖励。正如任正非说："华为就是要树立出一些榜样来，人人都想做黄继光、人人都想立功受奖，这才是我们的优势呀，人人都不讲贡献，那还有啥优势呢？人人都只守规矩，那我们不如去办幼儿园，幼儿园孩子是最守规矩的，但什么都不懂就没有贡献，我们是以贡献为中心来树立榜样的。"

华为需要的不仅是踏实肯干的人才，更需要能够带动团队的楷模，为此华为一直培育精英文化，创造奋斗者氛围，从而增强员工的综合素质。除此之外，华为还会对那些不作为的员工要末位淘汰，这是为了统一认识，增强集体的战斗意志，培养和激发出更多的奋斗者。

一个成功的企业通常都拥有科学的人才观，只有关注人才的培养，重视企业精神的传承，才能让企业有更广阔的发展空间，华为的"奋斗者文化"就是人才培养的重要体现，华为不仅要求员工和华为企业文化价值观相契合，并将这种思想观念代代相传。

随着华为国际化进程的加快，华为对奋斗者的需求量也越来越大。华为的用人标准不是盲目以学历为唯一指标，更看重的是人才的学习力、耐力、创新力以及领导力。正是通过这种独特的人才战略体系，华为才逐渐打造了一支由无数个奋斗者组成的强力军。

华为倡导的是唯才是举，因为人才必须符合时代发展的要求，要在内部组织机制上不断更新升级，才能更好地吸引和培养人才。华为在树立一大批优秀奋斗者榜样的同时，也会给予这些奋斗者相应的回报。相比之下，有些企业虽然推崇榜样文化，但是却玩的是"捧杀"的套路，将一个骨干分子树立为榜样却对他们道德绑架，让他们只敢付出却不敢要回报。

在华为看来，不让"雷锋"吃亏是华为人才任用机制的核心，也是让更多人向奋斗者学习。它如同一盏灯塔，只有让人们看到前方的光明和希望，才有奋发向上的动力。

华为着力培养奋斗者，是为了加快企业内部的血液循环，让优秀的人才不断充实自我，避免人才断层，只有将有经验的人改造成新人，才能让华为注入更多的新鲜力量。从本质上看，"复制奋斗者"就是要进行合理的人才储备。人才储备是企业精英分子的重要转换机制，这个体系包含的不仅只有市场，还有研发、管理、供应等各个部门，要通过建立一个强大的组织进行高效的运行，这样才能将优秀的精英培养起来，训练他们如何作战，再经过一线战场的检验真正转化为"奋斗者"。

培养奋斗者最简单的办法就是让人才向基层输出，让他们目睹奋斗者是如何在前方作战的，这样才会让他们产生危机感，才会给他们绽放光彩的机会。如果都是躲在后方享受着空调和茶水，即便是一个天生的"奋斗者胚子"，也会被消耗成平庸无能之辈。显而易见，人才储备是华为企业未来战略的思维体现，也是为了促进华为的内部结构更新换代的需要，更是减缓华为衰退的主要方法。随着企业的成长，有些组织机构、思想认识难免会老化，为了避免这种情况，华为只有让"奋斗者精神"不断扩大并深化，让所有人都能接受新事物和新观点，保持强大的学习能力。

华为很多员工一直身体力行地展现出奋斗者精神的奥义，他们有的在高原缺氧地带工作，有的爬雪山穿越丛林，有的在国外遭到歹徒袭击后又马上投入工作，由此可见，华为的企业发展史本身就是一部华为人的艰苦奋斗史，这种精神也得到了社会的认可。当然，也有一部分人与之相反：在拿到了内部股权之后，在拥有了功劳簿之后，开始出现懈怠、散漫、坐享其成的心理后。对此，任正非是非常警觉的，他在一次内部讲话中引用了胡锦涛在 2002 年西柏坡考察时的一段话："历史和实践都表明：一个没有艰苦奋斗精神作支撑的民族，是难以自立自强的；一个没有艰苦奋斗精神作支撑的国家，是难以发展进步的；一个没有艰苦奋斗精神作支撑的政党，是难以兴旺发达的。"任正非意在强调："一个没有艰苦奋斗精神作支撑的企业是不会长久生存的。"他自己做到了这点，也希望全体华为人都能继续发扬艰苦奋斗精神。

在华为总部有一个专门招待来宾的餐厅，每次有客人参加宴请时，任正非总是吃得最干净的。后来有一个新服务员并不了解内情，还以为任正非没有吃饱，就问他要不要再加点饭菜，任正非急忙说自己已经吃饱了。还有一次，任正非去华为外地的办事处会见客户，负责接待的人并不了解任正非的工作作风，就租了一辆高级轿车亲自迎接，结果遭到了任正非的严厉批评："这纯属浪费，要这样的高级车干吗？如果办事处一般的车不够用，我可以自己打车过去，而且你这时候更应该待在客户的办公室里。"

其实，华为并没有多么神秘的成功绝学，华为依靠的就是一种奋斗者精神。正如任正非所说，他最佩服的勇士是蜘蛛，不管狂风暴雨，不畏任何艰难困苦，不论网破了多少次，仍然勤奋，不屈不挠；最欣赏的是蜜蜂，每天埋头苦干，不会因为缺少别人的赞美而少产一点蜂蜜。华为正是依靠这种不屈不挠的斗志才获得今天的辉煌。

不给对手还击的可能

公元前 638 年，楚军大举进犯泓水（今河南省柘城县）南岸时，当时以逸待劳的宋军占据有利位置，而楚军仍然在陈国境内向宋国开拔的途中，宋大司马公孙固认为楚宋两军实力悬殊，宋军必须利用有利的时机率先发动进攻，阻止楚军渡河，然而宋军统帅宋襄公却认为自己是仁义之师，按兵不动，结果导致楚军全部顺利渡过泓水，此时楚军忙于布列阵势，公孙固再次劝说宋襄公趁对方立足未稳之际发起进攻，宋襄公仍然不予理睬，直到楚军布阵完毕，这时宋襄公才下令三军发动进攻，然而为时已晚，弱小的宋军无法和强大的楚军相抗衡，经过惨烈的厮杀后遭受重创，宋襄公本人也身受重伤，勉强突围，狼狈地逃回宋国。于是，宋襄公的"仁义"成为后世的笑谈。

商场如战场，给予竞争对手发育的空间，就是在压缩自己的生存机会。如今是一个技术高速发展的时代，电子信息行业更是一个知识密集型、更新速度快的产业，而设备厂商通常能够获得可观的利润，正因为回报丰厚，更加剧了这块市场的竞争激烈程度。能否打败竞争对手保存自己，决定了未来是否能获得更多的利润。

有人曾经这样描述过华为：由一个商业思想家掌门，由 10 多位战略企业家辅助，有几千名优秀的中层管理者带头，还有 10 多万中高级青年知识分子为主力大军……这样一支庞大的队伍组成了华为的"常备军"，他们厉兵秣马，枕戈待旦，在华为快速成长的过程中，不少国内外对手都倒在了它前进的车轮之下。

当今社会的商业竞争已经不再局限于国内市场，更是将战火烧到了国际市场。一个成功的企业，面对的竞争目标不仅是国内的对手，所以其更要有抵挡国外对手的能力。一个产品从诞生之日开始，如果不能考虑到未来能否实现国际化的问题，这个产品很难有长足的生长空间。同样，一个缺乏国际竞争谋略的企业，也只能盘踞在有限的市场份额下，难以发展壮大。

企业的国际化是指企业的生产经营活动不局限在一个国家，面向全球经济市场的一种客观现象和发展过程，主要通过国际市场进行生产要素的整合，进而实现产品销售来获得最大的利润。站在全球经济一体化的角度看，如今的市场竞争最终都会升级为国际市场中的群雄逐鹿，偏安一隅的观念已经过时。

从 20 世纪 90 年代开始，华为就将征战的号角吹响在国际市场这个大舞台上，华为面对着爱立信、阿尔卡特、西门子、富士通等诸多强敌，它们都拥有着强大的技术和雄厚的资金。尽管如此，华为并没有停下扩张的脚步，因为和这些强悍的国际对手相比，华为拥有着四大竞争优势，成为它拓展国际市场的底气和后劲。

第一，人力成本使用优势。

身处改革开放的前沿阵地，华为凭借着深圳地区的地缘优势和待遇优势，吸收了很多技术性人才加入华为，仅凭这个先进的理念就超过了其他民营企业，也体现出任正非在人才任用上的独特眼光，甚至有人戏称：华为对人才是一种"掠夺式"的占有，正是对人力资源的有效开发和聚集，让华为坚定了与国外对手奋力一搏的决心。众所周知，中国拥有着世界最庞大的工程师人群，只是缺少了高端创新的领导者。在20世纪末到21世纪初的20多年里，中国国有企业和科研机构吸收的工程技术人员逐年下降，而一些民营企业对技术人才不够重视，然而这个机会让华为紧握在手。

在20世纪末，中国工程师的平均报酬和同时期的美国、日本以及欧洲相比，仅仅相当于他们的五十分之一甚至百分之一，月薪在1000元人民币上下，而欧美国家的工程师则高达几万元人民币，这种超高的"性价比"为华为大批量地引进高端人才提供了便利的优势，能够帮助华为实现利益杠杆的撬动和人力资本的增值。由于华为在企业发育的初期缺少有相关经验的研发人员，所以不能组成阶梯形的技术团队，只能让新加入的技术人员一边学习一边上岗，虽然要经历一个适应过程，但只要在竞争中受到锻炼，他们就会成长为华为的技术骨干。这种将人才职业生命周期前推的手段，让华为占据了明显的人力资源成本优势。

第二，低成本研发优势。

华为的低成本研究让它只需要付出相对低廉的研发费用，大大节约了产品开发成本。有人计算过：华为投入1块钱研发出来的东西，欧洲公司需要投入10块钱，这就让华为减轻了竞争成本和国际化的负担，以绝对的优势打入国际市场。

第三，原材料优势。

20世纪90年代，华为十分注重和上游原材料供应商之间的关系，能够以较低的价格购买到质优的产品，通过整合资源使物料成本降到了3%，加上中国长期缺乏没有形成体系的知识产权商业规则，让华为的各项交易消耗较低的服务成本。

第四，后发优势。

作为通信设备制造商，华为虽然是后起之秀，需要和已成大鳄的国际对手争抢地盘，但是这种后发的态势让华为有机会吸收国际先进的技术资源和管理经验，也可以通过购买专利缩短产品研发周期，确保以高速、高效的发展态势直追竞争对手。

华为凭借着四大竞争优势，开始了步步为营的国际征战旅程。

2008 年，中国电信的 CDMA 超级订单引起了设备商的夺标大战，阿朗（阿尔卡特·朗讯）、加拿大北电和中兴都参与了这场角逐，报价介于 70 亿元到 140 亿元之间，然而华为却报出了 7 亿元的价格，被同行称为"裸奔"。尽管如此，华为的利润依然十分可观。华为正是凭借天然的成本优势，展开了对竞争对手的猛烈冲击。

爱立信是世界知名的企业，1876 年成立，在华为出现之前几乎无人能撼动它在行业内的优势地位，然而在华为进入全球市场之后，持续以高于两位数的速度增长，逐渐赶超了爱立信。2013 年，华为以 395 亿美元的销售收入超过爱立信的 353 亿美元，一跃成为全球通信设备的头号制造商。曾经不可一世的爱立信，只能眼看着华为蚕食着原本属于它的市场份额，到了 2015 年，爱立信的体量仅有华为的六分之一，导致 CEO 卫翰思被迫辞职。和爱立信一起被华为反超的还有阿尔卡特·朗讯、诺基亚等企业，它们都是闻名世界的"百年老店"，如今却被后来居上的华为超越。

在全球路由器交换机市场，还有一个实力雄厚的大鳄叫思科，它在 2000 年总市值达到了 5550 亿美元，一度超过了微软登临顶峰。在同一年，华为只是一个刚生产出接入服务器的初学者，二者之间的实力对比已经不能不用"悬殊"来形容了。2002 年，华为正式进军美国，在美国亚特兰大电信设备展上，华为全系列的数据通信产品第一次亮相，其性能不逊于思科，价格却低于其 50% 上下，有消息称思科很快成立了"打击华为"的工作小组。此后，华为挺进美国市场，然而受制于政府压制等因素，销量不大，但势头凶猛。2002 年，华为在巴西举行的数据产品招标会上一举斩获 400 万美元的订单，导致参加招标的一位思科的经理被开除。2003 年，思科将华为告上法庭，起诉华为对其侵权，华为很快进行反击，消除了媒体和法庭对华为的偏见，双方达成了和解。至此，思科再也没有拿出有效阻击华为的办法，双方此消彼长，已经趋近于平起平坐的地位关系。

在打败国际对手的同时，华为在国内市场也吹响了进击的号角。华为在国内市场拥有着一套合理的营销战略，尤其是其陆续开发的网络通信产品，比如路由器等，都是参照"模仿—创新—替代"的路径在国内市场渐渐取得优势。

和国内对手鏖战，可以借用与国际对手竞争中学习的经验，华为十分擅长从国外的先进企业中学习成熟的管理心得，进一步提高自身的研发效率。同时，华为十分注重利益激励，将应用型的研发机构都定位为利润中心，让他们直接感受到来自市场的压力，但同时也不忘记分享他们的市场成果。华为每年的利润分配的主要部分都以奖金的形式下发，这在华为内部被称为"获得分享制"。

华为在终端市场的竞争中也挫败了很多国内品牌，以 2017 年为例，多方数据表明中国智能手机市场整体下滑，和 2016 年相比市场规模不断下降，在市场萎靡不振的情况下，华为仍然呈现出逆势增长的态势，2017 年总计发货智能手机 1.53 亿台，全球份额超过了 10%，规模较 2016 年同比增长约 30%，稳居国内市场第一位。华为的智能手机已经实现了对高中低端市场的全面覆盖，尤其在 P10 系列和 Mate10 系列的助推下形成了强大的品牌影响力。

无论是国际市场的东西对撞，还是国内市场的征战厮杀，华为都行走在一条艰难曲折的崛起道路上，随着国际市场和国内市场的份额逐渐扩大，华为也清晰地认识到自身存在着自有品牌相对弱小的短板，所幸华为具有狼一样的野心和斗志，更有着狼的速度和杀气，不给竞争对手喘息和翻盘的机会，在市场拓展的道路上越走越远。

把执行力化成信念

很久以前，有一只黑猫，每天能抓 10 多只老鼠，让老鼠们整天惶惶不可终日，于是它们商量着对付黑猫的办法，有的建议给黑猫投毒，有的建议大家一拥而上将黑猫咬死，后来鼠王想出了一个聪明的办法：给黑猫的脖子上挂一个铃铛，这样黑猫只要一动铃铛就会响，老鼠们就能够及时躲开。然而这个计划最终未能得以实施，因为没有一只老鼠愿意去挂铃铛。从这个故事可以得出这样一个结论：只有好的方法却无力执行，就是脱离现实的空想，自然也谈不上执行力。

世界上有千万个企业，就有千万种不同的企业文化，哪怕是在相同的写字楼办公，哪怕使用着同一款电脑，企业和企业之间的文化也存在巨大差异。有的企业强调狮子精神，以勇猛果敢的冲击力迎战竞争对手；有的企业注重太极之道，喜欢以柔克刚，用彼之力克己之敌……无论是战略文化、营销文化都是企业文化的重要组成部分。

华为的执行力文化极具特色，可以归纳为 3 个词："高工资""高压力""高效率"。华为对员工执行力的关注超过了大多数民营企业，因为华为的战略目标是要在电子信息领域成为佼佼者，要赶超国际知名的企业，只有通过高效的执行力才能发挥作用。

在华为流传着一个口号："结果第一，理由第二！"熟悉华为工作流程的人都说，华为的执行文化很有人文意识，比如华为的销售团队就有明确的规定：但凡关乎争夺和应用资源的都是华为的规划目标，这样方便员工去执行任务。为了更深入地了解市场形势，很多华为的中高层领导被安排到基层任职，以此来明确销售团队制订的品牌目标、市场目标和销售目标，让他们在实际操练中提升执行能力。

现在国内的一些企业家习惯将执行力挂在嘴边，天天嚷着"执行力去哪儿了"，将那些没有按照预期目标完成的任务统统归结为没有执行力，然而执行力并不是喊出来的。一个具有强大执行力的企业，必定有一个核心的人物，比如万达的王健林、阿里的马云。任正非通过白手起家将华为打造成为世界级明星企业，他就是企业的灵魂。相比之下，华为的执行文化源自多年奋斗的经验，因为华为是一个利益共同体，而不是属于某个人的私有财产。

执行力是员工完成工作的能力。无论何种类型的企业，当然都希望自己的员工主动自觉地完成工作，这就需要用企业文化对他们产生感召作用，这是一种无形的力量，不是简单地通过奖励或者惩罚来维系的，要让员工在实践中潜移默化地强化执行意识，从而跟上企业的发展节奏。

有人做过这样一个假设：如果任正非对待手下人"抠门"一些，对待自己"宽厚"一些，他的身价恐怕早就超过千亿了，然而实际情况是，任正非在华为持有的内部股份只有1.42%，他将剩下的股份分配给为华为作出贡献的员工，这种慷慨和大度将华为打造成一个利益共同体。有些国内企业的员工缺乏主人翁精神，不是因为他们懒惰，而是因为他们受到了不公正的待遇——企业的核心管理者将股份分给了其家属，导致员工忠诚度不高，对企业文化的认同较差，成为企业发展的旁观者，这样的企业不可能激发员工的执行意识。

列车高速行驶需要车头牵引，如果车头出了问题，火车就成了一堆废铁。华为十分重视"车头"的重要性，它的核心管理层始终保持着稳定的状态，各条战线的管理者基本上都是在华为干了十几年甚至二十几年，他们早已和华为融为一体，促使他们依然发挥余热的动力源自信仰。

企业提高执行力的核心在于让员工有自主工作的意愿，也就是让员工保持着对企业的认可。如果企业与员工离心离德，让他们感受不到作为主人翁的地位，就会从根本上剥夺他们主动执行的动力。为此，华为提倡高度分权。

不可否认的是，国内一些企业家过于迷恋权力，凡事都喜欢亲力亲为，看似一种敬业精神，其实并不能助力企业的发展，还会让员工生活在权力的阴影之下，让他们时时处处感到被动，让决策层和执行层之间产生了隔阂。因此，只有高度的分权才能产生高效的执行力，华为充分放权并使用 CEO 轮值制度，让很多核心高层具备了较强的抗压能力和决策能力，同时也平衡了他们之间的利益关系。

在华为的运营商业务、消费者业务、企业业务这三大业务集团当中，每个集团都有骨干分子，他们能够准确地领会华为的战略意图并发扬企业价值观，让华为保持了高速的增长。华为不仅建立了一支能打硬仗的工作团队，更培养了强大的执行文化，因此华为才有资格说"凡是华为认定的事情，很少失手"这样的话。执行力是员工对"自己是企业一分子"的高度认可，华为需要的不是听话的员工，而是有独立思考能力、能够主动执行任务的员工。

华为执行力秘诀一直是外界想要探究的秘密，然而因为任正非的低调，很多细节并不透明，但是我们能够从侧面发现它所拥有的力量内核：华为的执行文化就是公司上下能够公开或者潜移默化进行的简化分解、逐步深入、科学客观的思维认同，有了这种文化基因作为沉淀，才能在每一个华为人心中生成执行意识，将个体的执行力通过文化认同凝聚为团队的执行力，依靠一整套具有激励色彩的薪资制度、职位升迁制度作为保障，最终构成华为的执行文化。

执行文化并非空泛的概念，它需要相关的保障制度作为支撑。任正非在多次出访日本之后，发现了日本企业的精细化管理促进了执行效率的提高，于是任正非有针对性地解决了华为存在的粗放、低效、发展不均衡的问题。在任正非看来，华为在管理改进中，一定要强调改进"木板最短的那一块"，如果华为从上到下都重视研发、营销，但不重视理货系统、中央收发系统等其他系统，就会造成短板效应，降低执行效率。为此，任正非提出了著名的"三化"理论——先僵化，后优化，再固化。通过这种改革方法，才能让员工从被动工作变为主动工作，最后将主动工作当成华为人最基本的素质，将执行力文化作用于员工的内心深处。

天下大事，必作于细。天下难事，必作于易。华为倡导让员工以成果为导向，这样就能解决很多困难，这就是一种朴素的简化分解思想，其实质就是让员工精确自己的工作思维，养成主动攻坚克难的意识和诉求，是一种具有东方色彩的思维模式。在这一方法论的影响下，华为的每一个员工都能在和企业共同成长的过程中完善自己的思维，在心态上战胜自己，不放弃任何一个展示自身才能和价值的机会，让他们的工作潜能最大限度得到发挥。

企业在倡导执行力的同时不能仅将其作为口号，而是要视为一种价值观，让执行文化无处不在，深深植入员工的心中。

在华为的厂区和办公区，经常能看到一些广告条幅和标语，上面写着和执行文化有关的词语，从视觉层面让员工每日受到熏染。在华为举办的各种娱乐活动中，经常会穿插唱红歌这样看似老套的节目，其实质是用军人的执行力去要求员工。另外，华为的各类会议上也会强调"执行为首"的理念。对新老员工进行职业培训时，会大力宣传执行文化，让员工从思想上接受华为的执行文化。执行文化的价值观植入，能够培养员工的主动性，但仍然需要管理机制对其引导，让员工明确具体的工作步骤。为此，华为采用了目标管理和沟通管理两种办法。

通过目标管理让员工有明确的工作方向，让华为的执行文化有生根发芽之地，同时将企业的目标分为团队目标、部门目标和个人目标，帮助员工做好个人执行计划，让他们对自身的工作目标有充分的认识和理解。

通过沟通管理，华为打通了上下级之间、同事之间、员工与客户之间的沟通屏障，建立了有效的沟通渠道，让管理层和执行层在遇到问题时快速解决，提高工作效率，从而保障目标管理的最终达成。

执行力的培养是一个长期的过程，所以华为在培养主动性和制度约束的前提下，还会对员工进行能力监控，通过绩效考核优胜劣汰，确保团队成员的流动化和精英化，让员工坚持以目标为导向，增强自我管理意识，推进执行文化的渗透深度。

企业文化是员工执行力的基石，只有创造合理的价值观和科学的管理体系，才能让企业文化真正植根于员工心中，让执行力的观念深入人心演化为行动，敦促员工创造更出色的业绩，正是在这种正向、积极的文化氛围中，每一个华为人都以主动工作的心态去完成企业的宏远战略目标。

打不死就能笑到最后

1993 年，华为在深圳蛇口的一个小礼堂里召开了 1992 年年终总结大会，参加会议的员工一共有 270 人，会议开始后，任正非满脸沉重地在台上说了一句话："我们活下来了。"说完之后他哽咽着讲不下去了，两只手不断地抹着眼泪。可见，华为在创业初期写满了艰辛和屈辱。正是因为始终被巨大的生存压力所覆盖，才让华为长期保持着危机感。

这种"危机感"让外人认为华为是一家"不可理喻"的企业，在华为第一次进入世界 500 强时，一位华为的高管在会议室里这样说：告诉大家一个坏消息，公司进入世界 500 强了。得知这个消息后，华为上下没有一个人感到喜悦，更没有任何庆典活动。原来对华为而言，这代表着企业进入一个更加艰难的生存和发展阶段。

华为苦心经营的 30 多年，是危机接踵而至的 30 多年，一部华为的发展史，也可以看成是一部生存哲学探索史。华为是中国企业中"摸着石头过河"的典型代表，它克服了重重困难，却始终保持着旺盛的活力，这都得益于对"活下去"这一目标的渴望。这不仅是企业的市场求生战略，也是一种精神力量的升华。只要一个企业在初创时期抱着"笑到最后"的愿景，就能寻找出一条适合自己的生存之路。

对于一个企业来说，取得辉煌的业绩并不是最重要的，重要的是如何延续生命周期，如何不成为"昙花一现"的反面教材，如何将企业的核心价值观通过员工代代相传，这才能保证品牌价值的持久性。

柳传志曾经说过，民企应先生存后发展。事实的确如此，企业发展的前提是以存活下来为保障，如果被竞争对手打死了，就没有东山再起的可能了。自然界有一条残酷的生存法则：老虎咬死猎物吃掉最肥美的部位后，豺狼跑过来吃剩余食物，而秃鹫和一些其他的小动物将最后的残渣消灭掉。如果将这个丛林法则应用到市场竞争中，那就是企业和企业之间也存在着等级森严的生态链条，这种链条比自然界似乎更加凶险。

华为一直将自己想象成一头狼，不会和老虎距离太近，更不会从虎口中夺食，否则将会自寻死路。华为的生存哲学就是先保证自己从市场上获利，赢得后期技术研发的资金，才有资格升级为老虎，站在生态链的最高处。

很多企业都要面对先生存还是先发展的问题，特别是当企业进入发展的顶峰时，往往会忽视生存的重要性，反而将注意力集中在相对虚无的目标上，或者好高骛远、人心不足蛇吞象，结果因决策上的失误葬送了大好前程。对于任何企业而言，无论对未来做了何种宏伟的规划，首要的目标都是不被打死。

古语有云：物竞天择，适者生存。短期的利益只能维持企业短暂的生存，却并不能保证未来的发展空间，因此华为的生存哲学并非只注重眼前的那一块肉，而是要将整片森林都当作获得能量的猎场。在日趋激烈的市场竞争中，能否站稳脚跟和后勤补给有着密切的联系。华为从一个小企业发展到今天，难免会沾染某些小企业的习气，一些老员工也会受到华为早期发展的思想制约，不能真正实现职业化，让华为缺乏了活下去的必要资本。

一个职业猎手和业余猎手，无论在装备上、武器上、技能上还是观念上都有很大不同，职业猎手会配备全套的捕猎工具，会带足了枪支弹药，也拥有着追踪猎物和捕杀猎物的技能，而一个业余的猎手，很可能丢三落四地带着残缺的装备和武器，钻进山里几天都找不到猎物的踪迹，最终谁生谁死一目了然。对企业来说也是如此，职业化的员工代表着专业化的操作，而专业化是企业在市场竞争中能否突出重围的关键。

职业化是在相同的时间和条件下做相同的事情所耗费的成本最低，由于成本关乎企业的前期投入，自然会影响产品的竞争力。一个缺乏职业化的企业迟早都会被市场淘汰，被消费者抛弃，被同行赶超。职业化是中国企业是否能长期生存的关键，也是制约着很多企业做大做强的主要因素。评价一个企业职业化程度的高低，可以通过人均效率来衡量。比如，爱立信在内部管理上的能力就超过华为很多，华为只有缩短这些差距，才能真正消除企业的短板。

和国内的企业相比，西方的职业化经历了上百年的变革，华为在学习西方企业的先进管理理念时发现，只有用西方的管理手段去规范企业才能更好地实现职业化，才能增强员工的专业化技能。要想在国际市场中占据一席之地，华为必须通过一整套法规法则来应对可能遭遇的不确定性，从而增强抗风险的可能。

现在有很多企业只知道给自己盲目地树立目标，却忘记了当前的任务，缺乏危机意识，更没有建立一套系统的生存哲学，甚至天真地以为用一两句口号、一两个鸡汤段子就能感召员工与企业共同进退，殊不知这只能将企业送向深渊。

尽管华为以国际化为目标，以争做世界顶尖的通信设备制造商为长远愿景，然而华为绝对不会为了实现这一系列高远的目标而忽视生存的重要性，华为一向是从实际出发，从眼前做起，改善细节问题，将"小改进，大奖励。大建议，只鼓励"当成一条法则来执行。很多企业经常为生计问题发愁，是因为无法解决存在的某些弊病。相比之下，华为更具有自我批判精神，敢于正视自身的短板，因为华为很清楚遮掩缺陷就是在断送生存之路。

企业想要不被时代的浪潮覆盖，想要在残酷的竞争中获得生存的权利，必须增强企业自身实力，需要依靠企业自身修炼的功力，比如资源、能力、业绩等。只有获得了足够的经济效益，才能反作用于这些能力的提升，才能冲破资源和竞争的束缚，持续不断地获得外部利益。

有些企业一度辉煌，后来在时代的拐点中走向没落，原因在于它一直奉行机会主义，没有正确认识自己。比如在20世纪的八九十年代，一些企业由于抓住了某个有利的时机得到了丰厚的回报，于是错误地将这种手段视作生存策略，结果忽视了一个关键问题：短暂的利益不是企业追求的终极目标。

事实证明，市场经济的公平和公正性是一把双刃剑，它给了企业生存的可能，也给了企业生存的压力，这种机会和压力能够迫使企业不断提高自身的经营管理能力。经营和管理，是企业生存下去的左右手，经营的终极目标是获得利润的最大化，管理的终极目标是和低下的执行力做斗争。

虽然华为发展到今天已经成为世界500强的名企，却依然需要面对活下去这个问题，主要来自两个方面的挑战：第一，作为全球通信制造业的领导者，华为随时都可能被颠覆，如何保持这个地位不被后来者超越是一个必须防范的问题；第二，华为身为领导者就要和追随者共同制定行业标准和游戏规则，而国内企业通常不具备这方面的经验，华为必须要肩负起这个重担。

简而言之，华为的最高目标是活下去，最低目标也是活下去，华为在过去能够取得成功，得益于自身所处的行业特性，毕竟在过去的30

多年里，中国企业没有在传统的制造业超过西方，而恰恰是这过去的 30 多年中，国际上知名的信息产业大鳄纷纷垮台，所以才给了华为后来居上的可能。信息产业的资源不确定性和无约束性，给了这个行业无限的生机，也不断给华为敲响着警钟，几年之后会变成什么样，华为并不确定，因此活下去依然是未来需要面对的问题。

无论市场朝着何种方向变化，华为都在不断适应这个变数，毕竟华为在其发展的 30 多年间一直努力锤炼生存能力，正是这种强烈的欲念才让华为不断探索获利之道，并在实践中摸索适用于华为自身的经营管理模式，这是一种基于企业立足根本的商业逻辑，也是一种应对市场竞争的智慧思考，华为将生存当作头等大事，一如既往地坚持和推行自己的战略计划，为华为未来的发展清扫障碍。

学会自我剖析

很久以前，有两只猴子去山上摘桃子，一个猴子摘一个扔一个，摘到最后手里就只有一个；另一个猴子开始也是这样的，等到它摘到第九个桃子时，忽然停下来想了想，马上找了一片芭蕉叶，将第十个桃子和第九个桃子装在了一起，于是就有了两个桃子。据说，这个聪明的猴子就成为人类的祖先。当然，这只是个寓言故事，不过可以看出两只猴子的根本差别并非智力，而是自我反省意识。

曾子曰："吾日三省吾身，为人谋而不忠乎？与朋友交而不信乎？传不习乎？"先贤的每日三省包括了办事是否尽力、交友是否诚信、功课是否温习三个问题，那么作为在竞争浪潮中努力存活的企业，是否应当反省更多的问题？如果不能自我剖析，一个微小的瑕疵也许会演变为致命的漏洞。

2000年9月1日，华为召开了一次别开生面的颁奖大会，参加会议的都是华为的研发人员，当时有几百名员工被点到名字去主席台上领取"奖品"，然而当他们拿到手之后才发现，这些"奖品"竟然是华为生产的废品和人为原因造成的产品维修收据——都是这些员工的"劳动成果"。当这些员工面红耳赤地拿着"奖品"下台时，会场上传来了一片唏嘘声。任正非让他们把"奖品"带回家，摆放到客厅里最显眼的位置上。

华为组织这次特殊的"颁奖大会",并不是为了羞辱这些工作失职的员工,而是要在华为进行一场自我批判的活动,用任正非的话说:"只要勇于自我批评,敢于向自己开炮,不掩盖产品及管理上存在的问题,我们就有希望保持业界的先进地位,就有希望向世界提供服务。"事实证明,华为的自我批判是动了真格的,不会为了顾及员工的脸面敷衍了事,而是会挖深挖透,一针见血,因为只有批判得越深刻才能让管理者和员工们足够重视,才能有效地将问题扼杀在摇篮中,对华为的未来发展清除隐患。

身为国内知名企业的华为,从来没有因为跻身世界 500 强而沾沾自喜,尽管这几年华为在国际和国内市场都以惊人的速度发育,享有着越来越高的知名度和影响力,不过华为依然提倡一种可贵的精神,那就是自我批判。

在企业的自我管理中有一个重要的组成部分,那就是对自身取得的业绩和成就进行反思,找出企业的短板,从而增强攻坚克难的能力,提高创新思维的强度。能否做到这一切,需要企业心怀自我批判精神,这是一个较新的概念,决定了一个企业是否拥有战略高度和商业境界的关键元素。

任正非说:"高科技企业以往的成功,往往是失败之母,在这瞬息万变的信息社会,唯有惶者才能生存。" 1998 年,当《华为基本法》定稿之际,任正非提出在华为新基地的总部门口立一块大石碑,上面镌刻这样一段话:"一个企业长治久安的基础是接班人承认公司的核心价值观,并具有自我批判的能力。"

任正非坚持认为,企业经营必须要有主动承认错误的意识,如果出了问题不敢面对,不愿剖析和总结,只能让下面的员工失去信心,让企业丧失自我完善的能力,最终毁掉一个品牌。一个企业缺乏自我批判精神主要源自两个原因：一是维护面子，二是不想承担责任。任正非反复强调，华为不能回避错误，要积极面对与理性分析，从错误中吸取经验教训，才有资格去谈卓越。任正非的这一观念体现出一个优秀企业管理者的最可贵的素质：责任感。当华为面临困境时，必须有人主动走出来，承担责任，才能有效地解决问题。

华为从国外企业中吸纳了大量的现代企业管理观念，因此十分注重追求卓越和完美，而自我批判精神又是对华为自身的深度剖析，有利于重塑自我，体现出华为与其他企业之间的不同。

在华为，思想品德、自我批判能力、领导能力是优秀员工需要具备的三要素。思想品德是指基本的文化修养，体现在是否对华为忠诚这个维度上；领导力是指对各项工作理论的运用和升华，体现在帮助员工统一思想认识这个维度上；自我批判则是构成一个优秀员工的素质的核心，它体现在一个员工能否助推企业持续发展这个维度上。

自我批判精神是企业从平庸走向成功、从缺陷走向完美的重要精神支柱，也是决定企业格局大小的方法论，具体体现在两个方面。

第一，有利于完善企业内部的考核机制。绩效考核是人力资源管理的重要组成部分，是通过对员工的工作绩效、道德素质等因素对其进行评价的流程，考核需要能够量化的标准，也是选拔优秀分子自下而上地实现个人价值的依据。只有建立良好的自我批判机制，才能有助于员工进行反思，而不是为了保住饭碗被迫应付，是提供给员工不断完善自我的一种动力。

第二，有利于增强企业的活力。华为一直以"活下去"作为终极目标，而要想保持华为的基业长青，需要员工具备足够的创新意识，不断在长期的实践中总结经验教训，这就必须依靠自我批判精神来站位，帮助员工和企业共同走向成熟，是企业战胜困难和克服危机的有力武器。

华为的成功依靠的是什么，有人说是"眼睛看着客户，屁股对着老板"，那么今天的华为是否坚持了这种企业文化呢？答案是肯定的，因为这从侧面印证了华为在不断审视自我和完善自我。任正非说过，"要听得见炮火的人指挥炮火"。这句话的深意就是，一部分华为的管理者远离基层，不了解市场的实际情况，如果不坚持自我批判精神，会让他们逐渐和一线脱节，变成了"从泥土中爬出来的圣人"，无法揣摩到消费者对产品和服务的需求。

任正非曾经对远离基层的管理者做过一个评价：我们现在上下弥漫着一种前方吃紧，后方紧吃的国民党风气。显然，随着华为企业规模的扩大，当初的个人主义和小集体主义已经不适合当前的形势了，有些人由于岗位定位的限制，注定无法接触到一线的实际情况，长此以往难免会滋生懒惰、懈怠和想当然的负面认知，对华为未来的发展十分有害。那么，如何解决这种无法避免的组织弊病呢？还要依靠自我批判。

华为一直推崇西方文化中的优秀基因，因为西方人的优越在于他们能够对内部滋生的有害物质进行及时的清理，比如文艺复兴和启蒙运动，这些都是对神权、王权等问题深刻反思、对人性关注的进步成果，华为也需要这样彻底的批判精神，要敢于正视自身发展过程中遗存的某些顽疾，将它们悉数清除掉，才能不断加强华为的内力修炼。

华为的自我批判围绕着企业的核心价值观去执行，那就是"以客户为中心，以奋斗者为本，长期坚持艰苦奋斗"，这就是华为自我批判的方向。很多企业家并不明白，自己也总结了一套企业价值观，为何员工没有被"洗脑"呢？反观华为，已经成功地将核心价值观传递给了这个大团队中的每一个分子。其实，那些不能对员工成功"洗脑"的企业，执行的都是一些脱离人性、不能正视自我的伪企业文化，也从未进行过认真的自我批判，自然就发挥不出应有的作用。

华为自我批判的形式多样，有民主生活会，有自律宣言以及整风大会等，都是任正非向中国共产党学习的优秀思想精髓。以民主生活会为例，可谓华为的一道"亮丽风景线"，也是华为早期坚持的一种自我批判的形式，极具中国特色的内部讨论形式。通过民主生活会的召开，让员工之间增进了了解，让管理者对下属提高了认识，让每一个小团队思想统一，进而促进了华为这个大团队的价值观趋同。华为用这个东方式的特殊武器实现了自我超越。

企业要想将自身的核心价值观不断延续绝非易事，而自我批判就是不断催促员工和管理者贴近核心价值观的"鞭子"，只有长期、按时地进行自我鞭策，才能确保不偏离主航道，不背离企业文化。当然，自我批判不是为了骂街出气，而是为了防止企业组织发生病变。当一个企业长期运行时，必定会累积一些错误的思想和方法，特别是人员流动时，难免会让组织内部产生微妙的变化：有的员工将其他企业的不良风气带进来，有的优秀者在离职后带走了榜样精神……如果不对这种状态及时修正，势必会对整个大团队造成负面影响，自我批判就是维持新陈代谢的良药。

当然，自我批判也要有限度，不能为了盲目地批判而批判，否则会在团队内部造成严重的伤害，会打消员工的工作积极性，让他们迷失前进的方向，起到适得其反的作用。对此任正非明确表态："自我批判不是为了批判而批判，不是为了全面否定而批判，而是为了优化和建设而批判。总的目标是要导向公司整体核心竞争力的提升。"这才是华为坚持自我批判的最终目的，任正非还强调：不能为了自我批评而天天"做运动"，因为即便天天运动也一样会走向衰老，甚至可能会引发一些别的病症，所以自我批判要讲究方法。

西点军校校长亨利中将曾说：美国军队未来的核心思维是批判性思

维。只有不断批判，才能不断适应变化的互联网时代，才能塑造出新型的军人和军队，才能有效地进行美国军队的组织变革。显然，华为吸收了亨利中将的这一宝贵认知并进行了深度的思考。

虽然华为强调自我批判精神，但并不推崇将"互相批判"作为实践方法，毕竟华为是建设性的营利组织，不是党政机关也不是军队。为此，华为明确提出四条批判法则：第一，不发动群众运动去"批斗"个人；第二，以自我批评为主，以批评他人为辅；第三，批评要从实际出发不能想当然；第四，批评要掌握尺度。

在华为30多年的企业奋斗史中，任正非强调得最多的就是华为的核心价值观和自我批判精神，核心价值观是华为的根本需求和目标，能够保证华为在激烈的市场竞争中不断保持斗志的原动力，自我批判是确保核心价值观不受损害的"外壳"，二者缺一不可。

企业的成功从根本上看是战略的成功，一个战略家能够将一个商业团队带上正规需要具备一定的思想，而这个思想就是能够剖析自我、剖析他人和剖析团队。只有建立一种机制，培养一种信念，形成一种思想体系，才能主动反省。华为正是充分认识到了这个问题，才将批判精神视为前进的动力，促使华为在严酷的生存环境中屹立不倒。

推广丛林法则的意义

2004 年，一本《狼图腾》成为热销书，该书讲述了北京青年陈阵在内蒙古草原上的插队经历，主要讲述了和狼有关的传奇故事，深刻探索并揭示了"狼文化"的精神内涵。有趣的是，真正对这本书感兴趣并不是有插队经历的知青或者草原上的牧民，而是中国的各大企业，他们认为狼文化凸显出了现代市场竞争中的企业生存之道，很多企业的掌门人都渴望着手下成为敢打敢拼的狼。

2010 年，一本名为《华为狼道》的书热销，成为揭示华为"狼文化"的代表读物。在此之前，华为的企业文化一度被理解为"狼性文化"，不过实际上任正非从来没有这么讲过，华为提倡的狼道精神并不是推崇残忍和暴力，而是强调狼的奋战精神，是华为实现"活下去"这个终极目标的实现手段。

事实上，华为的企业文化本身包容万象，狼道只是其中的一个组成部分，并不能代表华为是一个缺失人性、崇尚暴力的企业。华为从狼文化身上吸取的是对丛林法则的敬畏，而不是对强权的敬畏。重视危机管理的华为，一直将市场环境的日趋激烈想象成凶险的丛林，想要求生就必须吸取狼文化中敢于拼杀和进取的精神。华为融合的是狼的智慧、韬略、团队意识和协作精神，而不是狼的狡黠、残忍和不顾一切，只有这些正向的精神内涵才能对华为的经营管理起到指导作用。

很多企业误解了狼文化，拼命将员工教育成为达目的不择手段、为工作业绩不顾休息的工作狂，反而偏离了狼文化中最宝贵的内容——团队精神。正如那句俗语所说："独狼死，群狼活。"华为的狼道不是教员工如何残暴，而是让员工懂得相互配合，在心中确立团队观念。更重要的是，华为的狼道是为了适应激烈的生存环境，是其危机管理的核心体现。

华为将狼道当成企业文化的组成部分，从这一点上和很多国内企业有很大区别，因为华为追求的是吸纳百家之长，是为了适应国际和国内市场采取的应对策略，这才是狼文化最重要的现实意义。透过华为的管理特征来看，主要学习了狼文化的三个要素：第一，学习狼的敏锐嗅觉——时刻关注外部世界并作出快速反应，因此华为提倡比其他企业要快半步，就是为了在思想意识层面赶超对手；第二，学习狼的主动性——发现市场良机要马上扑过去，不能将蛋糕送给竞争对手，因此华为不断增强企业执行力，让每一个员工都敢想敢为；第三，学习狼的集体观念——市场竞争单靠一个人或者几个人是不够的，需要整个团队通力合作，各自贡献自己的智慧和力量才有机会打败竞争对手，而集体主义就是大家必须要遵守的法则，因此华为建立了跨部门合作的机制。

经常看《动物世界》的人都知道，狼群中极少会抛弃孤儿，因为每一只狼都会壮大狼群的力量，企业也如同一个狼群，在这个社会化的群体中，每一个独立的个体的存续都会直接影响团队的发展壮大，因此华为让员工被狼文化熏陶是为了减少功利心，减少自私观念，树立他们的大局观念。正因为给了员工正确的驱动力，他们才愿意主动付出，这也是狼文化的思想精髓。

生活在草原和丛林中，随时面临着食物短缺和各种意外，这种危机感会促使狼将每一次捕猎都视为必胜的唯一机会，否则就会挨饿甚至饿死。危机感能够让狼不断寻找并捕杀猎物，同样，危机感也能促进员工增强自我管理的能力，从而和企业的人力资源管理融为一体。

一个有着强大市场生存能力的企业，一定是有危机感的企业，微软有"离破产只有18个月"，华为有《华为的冬天》，危机文化成为企业快速成长、强化人员管理的优秀基因。很多国企之所以没有私企战斗力强，是因为没有危机意识，时间一长自然会失去奋斗的意志，执行力也会大打折扣，在这样的企业中做好管理难度可想而知。只有头上有指标、心中有压力，才能真正贯彻狼道精神。

虽然狼是凶残的猎杀者，但它始终受制于丛林法则，华为也是如此，不管你多么优秀，都要对制度和规则心存敬畏。华为的执行效率如此之高在于能够把握好制度的原则性和灵活性，华为通过跨部门合作来掌控团队和项目进度，让员工快速捕捉战果，获得继续求生的权利。

丛林法则是残酷的法则，但这是对外而言，在华为内部，为了保证"狼群"的战斗力，华为会给每一个努力拼搏的员工以优厚待遇，免去他们的后顾之忧，这就是崇尚丛林法则换来的生存尊严。在狼道精神的作用下，华为很少能见到混吃等死的人，每个人或者为利益而奋斗，或者为荣誉而战斗，不会有谁变成圣人或者和尚。特别是那些刚刚进入华为的新员工，他们会很快融入快节奏的工作氛围中，为了完成业绩指标不断磨炼自己，这正是狼道精神对个体的积极感召作用。

在严酷的市场竞争中要遵守两个法则：一是动作要快，二是出手要狠。所以，华为不断要求员工提高工作效率，时时处处走在对手的前列，这样才能抢夺到最优势的资源并占据最佳竞争位置。事关生死的决战要懂得找准重点，因此华为不断去探索市场的规律和用户的心理，无论是做产品还是做服务都要有的放矢，才能确保"一击必杀"。

由于摆正了心态，每一个华为人都时刻警觉，保持着强烈的危机感，他们虽然有丰厚的收入，但不会无底线地享受生活，不会剥夺自己对成功的追求，对他们来说，真正的快乐源于工作本身，所以不少员工乐于主动加班，这种欲求已经植根于他们的内心。

华为对丛林法则的理解是：一个人如果不努力，还谈什么尊严和生活？正是依靠着这种强大的拼搏精神，才让华为从几个人的小公司发展到世界500强。对员工来说，想要在华为出人头地，想要最大限度地展示自己的价值，就必须投入相应的时间和精力。当然，有人认为狼文化有些残忍，然而这种残忍不是华为主动选择的，是由更残忍的市场环境决定的，尤其是华为所处的信息技术产业，变化的节奏很快，如果不能抓住每一个机会，很可能会失去霸主的地位。狼道精神并非强势植入的企业文化，而是基于生存需求的被迫选择。华为在狼文化的熏染之下，将每一回合的市场竞争都当作一次战争，战争意识渗透到每一个员工的心里并最终沉淀下来，逐步演化为华为的企业文化基因之一。

以智能手机市场为例，中国是世界上拥有最多手机公司的国家，也是手机用户群体最大的国家，同时也是一块充满血腥味道的竞争高地。用户日益增长的需求催生了竞争的烈度，尤其是在技术更新换代的关口，更容易出现惨烈的斗争。这种生存环境的变化导致各大厂商的竞争成本居高不下，品牌溢价所产生的积极作用被弱化，让很多手机厂商无法通过走捷径来获得生存空间。华为意识到了这种变化，所以更加需要用丛林法则为自己谋求存活的地盘，必须做得比对手更强、看得比对手更远才有生存的资格。

在丛林法则的体系中，华为强调了一套成功的秘诀：产品力、产业链掌控能力和营销能力，只有在这三个维度上取得创新和突破才能鹤立鸡群，如若做不到，只能沦为竞争的失败者和时代的牺牲品。

丛林法则既有残酷性也有公平性，残酷性是指消费者不会凭感情用事、单纯依靠情怀就能让某个品牌被市场接受，只有拿出过硬的看家本领才能接受市场的考验；公平性是指消费者也不会盲目迷信某个品牌，谁成为行业第一并不重要，重要的是谁有资格打败对手谁就能收获更多的拥趸。

任正非说过，华为之所以能够走到今天，就是多年来没有犯大错，虽然小错误不断。华为始终将自己看成是长跑选手，因为丛林中的竞争并非一日论短长，而是要在漫长的赛道中保持耐性和后劲，才能凸显出经营和管理方面的优势，才能给予对手最沉重的打击。反之，那些落败的选手也并非输在一着，往往是多年累积的病灶造成了无可挽回的失败。

一个人如果不愿意拼尽全力去追求财富、地位以及成就，那么很容易变成一个平庸之辈。相对地，一个企业如果没有雄心壮志，没有抢占市场的领地意识，那么也会渐渐消磨掉初创时期的锐气，最终在激烈的竞争中悄然落败。

思想引路——华为的哲学大法

第七章

平衡，中庸，卓越

孔子的学生曾点和曾参是一对父子。一天，曾参在地里干活，不小心将禾苗锄掉了，曾点一看顿时大怒，抡起棍子就狠揍曾参，曾参只站在原地被父亲教训，结果被打得昏了过去。当曾参醒来之后，他竟然还恭敬地对曾点说："儿子不孝，惹你生气了。"有路人看到这一幕就夸曾参"仁"：因为仁者孝当先，当爹的把儿子打成这样儿子还不反抗，这不是仁孝至极吗？！后来，这件事传到了孔子的耳朵里，孔子勃然大怒，不让曾参进门，也不认这个学生。对此孔子的解释是：父亲下狠手打你，可能会把你打死，那样他就会犯罪坐牢，即便打不死你，打伤了你父亲也会很伤心，所以他打你，你应当躲闪，这才是真正的孝。

从孔子的话中不难发现：忍受和反抗是两极——忍受代表着愚孝，反抗则是忤逆，这些都不是真正的孝，最佳的选择是躲到一边。有人认为这个故事充分地印证了"中庸之道"。

《中庸》中有一句话叫作："唯天下至诚，为能尽其性；能尽其性，则能尽人之性；能尽人之性，则能尽物之性；能尽物之性，则可以赞天地之化育；可以赞天地之化育，则可以与天地参矣。"华为从中国传统朴素的哲学思辨中总结了一套规律：连接世界的大战略，满足人的天性和物的天性，使其保持在一种平衡的状态中。

没有大战略的企业注定格局狭小，华为力图将人性和物性放在同一个维度中，保持着高度的开放性的同时兼具着包容性，终极目的是创造一个共享、共建和共荣的时代。华为的中庸之道放在当今社会的意识形态层面来看，带有鲜明的朴素哲学特质，将企业的功利性和社会性乃至世界的和谐性有机地统一在一起。

任正非本人就充满了中庸色彩：他有坚定果敢的一面，也有灵活巧妙的一面，他有理性思辨的一面，也有感性执着的一面，他有主动攻击的一面，也有妥协退让的一面……而华为也处处充满了中庸哲学的气息：文化层面上是中西杂糅，思想做派上兼容传统和现代。任正非的父亲任摩逊给他取了这个名字也是值得玩味的：从字面上看，"正"对应的是"反"，而"非"对应着"是"，"正"和"非"是维度不同却意境相对的两个字，将它们捏合在一处，似乎可以理解为"正"中有"非"，"非"中有"正"的精妙寓意，由此可以窥见出中庸与平衡的哲学含义。

1996年的一天，华为的一位员工陪着任正非在保加利亚雪山下散步，走着走着，任正非突然问那位员工："你知道华为为什么能成功吗？"员工想了半天回答不上来，任正非脱口而出："中庸之道。"事实上，很多人只是看到了任正非脾气火爆的性格，看到了他执着的精神状态，却没有发现他内心深处也存在着截然相反的一面：讲究调和与平衡。

平衡正是通过中庸思想衍生而出的一种理念和态度。

任正非曾说过："跳芭蕾女孩都有双粗腿。"这个比喻正是体现了"均衡"的哲学思想，因为只有依靠一双坚实的粗腿和大脚，才能支撑起整个身体的柔韧度和弹性，才能让芭蕾舞女孩跳出美妙的动作。

如果一个企业只会单向追求而不懂得停歇与缓和，就会在企业的发展过程中积累过多的冲突和矛盾，不利于企业的健康成长，只有平衡才是确保组织体系稳定的保障。

企业追求利益的最大化是其基本属性，只有持续保持这种欲望，才能促进企业不断完善自我，一个企业短时期内亏损不是问题，然而连年亏损就违背了企业的基本属性，换句话说是被异化的企业。虽然企业以盈利为目的，然而愿望不等同于现实，市场也不会随着人心产生变化。在资源受到限制的前提下，企业要实现盈利只能通过自身的能量去获取，而这种能量要保持平衡：现在和未来的平衡，短期和长期的平衡，务实和务虚的平衡……只有真正达到平衡状态，才能实现卓越，而这正是中庸思想的外延。

事实上，华为的"平衡"也好，任正非的"妥协"也好，都是为了人力牺牲的最小化和资源消耗的最小化，最终目的是完成利益的最大化，是一种充满哲学思辨的企业发展观，也是华为企业价值观的有机整合。无论华为与谁成为盟友，都是以共同的利益和相似的战略目标为基础，这是一种短暂的平衡，或许在下一个时代的转折点就会变成竞争对手。企业追求的平衡状态，只能是从长远战略和根本利益出发，不能用眼前利益和战术计划去衡量，能否活学活用这种思维就决定了企业的格局和生命周期。

华为的平衡哲学是保证内部和外部的统一，即自身能力和外界诱惑的统一，如果前者小于后者，容易让企业走向投机主义或者机会主义；如果前者大于后者，容易让企业走向虚无主义或者保守主义。只有二者达到平衡状态，才能让企业保持健康的心态。从另一个角度看，平衡哲学是对市场经济的尊重。无论外部环境怎样变化，企业都需要作出理性的选择：保持内部的"功"和外部的"利"之间的均衡。那么，如何达到这种平衡状态呢？

企业内部的"功"，就是企业的内部能力，主要包含管理能力和经营能力。经营和管理是企业永恒不变的话题，也是人们最容易产生误解的两个词，只有正确区分二者才能做好内功修炼。

华为的经营策略重点是以客户为中心，而管理是遵循了灰度哲学，也就是中庸哲学的"华为本土化"。在30多年的发展历程中，华为一直聚焦于功利这一点，这也是任正非的管理经营信条，是基于企业自身的朴素的商业逻辑，只有在理性和智慧的思考基础上才能构建企业发展的稳固基石，这是华为获得成功的内在基因和主要驱动力。

经营和管理需要达到一种平衡状态，虽然它们在目标指向、定位与功能上存在差别，不过二者最终是和谐统一的，企业是它们互相依存的组织。以华为为例，客户导向下的效益是经营的核心价值观，管理的核心价值观是效率。企业的管理和经营的关系正如太极八卦图，二者完美实现了融合，这就是在趋近一种平衡，平衡本身也是灰色哲学的折射。

从经济学的角度看，平衡是在相互作用的关系中双方都同时达到了约束条件下的最大利益且这种利益能够持续存在。华为将管理和经营进行平衡，凭借的是高效管理去实现高效的收入。当然，管理和经营的平衡并不是反对企业在关注上有侧重点。企业依靠对方向和节奏的把握，在特定时期内侧重管理或者经营，从本质上看是为了在更高的层面上实现二者的均衡。

虽然平衡哲学是简约化的商业哲学，然而很多企业中并没有实现这种均衡，有的过分重视经营，有的过分重视管理，结果形成了先进的经营模式和落后的管理模式同台演出，或者是高效的管理和野蛮的经营尴尬双簧，最终都造成一条腿走路，注定走不远且容易摔跟头。国内的一些企业，更多的是偏重经营而忽视管理，因为管理上的漏洞往往需要时间来证明，而投机取巧的经营策略却能够在短时期内奏效，正是这种不对称性造成了多数企业忽视管理，等到发现问题时已经积重难返，无力回天。

国内并不缺少成功的企业家，他们拥有敏锐的市场嗅觉和先进的管理理念，然而中国在世界市场中的地位并不高，那么中国究竟缺失的是什么？主要还是管理层面的能力，包括人力资源管理、战略管理、财务管理、研究开发管理多个方面。从远期战略的角度看，短暂的经营辉煌终究会昙花一现，只有让管理和经营处于平衡状态才能延续企业的生命周期。

　　华为在经营管理上有着极强的平衡性。从 2001 年开始，任正非制定了"十大管理要点"，明确指出：无论内外环境发生了怎样的变化，都必须坚持均衡发展。不难发现，任正非将平衡当成了华为的思考起点，这也是因为他笃信中庸哲学，而这正是领导和导师的区别。在任正非看来，"均衡就是生产力的最有效形态"，只有凭借持之以恒的改进完善组织活力，才能提高人均效率，才能保证管理和经营的对称关系，这也是华为长期坚守的核心价值观。

　　华为 30 多年的成长之路，就是构建在功与利、经营与管理的平衡的基础上的，但这并不是一成不变的，而是在动态中循序渐进完成的。华为的成功，也充分证明平衡哲学是企业崛起的竞争哲学。随着华为国际化进程的推进，2005 年再次总结了企业的使命愿景和发展战略，其中有两条内容是"为客户服务是华为存在的唯一理由，客户需求是华为发展的原动力"以及"质量好、服务好、运作成本低，优先满足客户需求，提升客户竞争力和赢利能力"。之所以提炼这两条内容，是为了证明华为在经营和管理方面的同步完善，比如第一条侧重经营，第二条侧重管理，可见华为的平衡哲学已经深度融入企业战略规划的制定方面。

　　华为在经营模式上确立了客户化导向，将为客户提供完善和及时的服务当成企业存在的唯一理由，华为在管理模式上是建立高质量、快节奏的有效管理，本质上也是为了践行客户化导向，是将企业的核心价值观（奋斗者精神）和外部价值导向（客户）有机实现了平衡。正是基于这种对等关系，华为才能在实现客户价值、企业效益、内部管理等方面产出高业绩，达成了动态的和谐与平衡。

任正非说过："变革破坏了过去的平衡，但破坏不是目的，必须要实现新的均衡，并且努力实现不断的均衡。"这句话揭示出均衡是为了在更高的层次上达到经营与管理的对称，这是将灰度哲学灵活运用在企业修炼内功的层面上。对华为来说，强化管理，推行以 IPD 为核心的管理变革，是为了增强管理能力，从而强化自身的经营能力，在个体层面和集体层面都实现了经营者和管理者合二为一的状态，最终实现组织战略目标和组织能力的终极平衡。

当然，平衡不是目的，平衡只是一种状态和存在方式，平衡的真正目的是推动企业走向卓越。华为的商业模式无论是宏观上还是微观上都立足于现实和未来，其核心的驱动力还是华为想成为领跑行业的佼佼者，否则只能蜕变成投机主义。

华为的管理哲学为何值得人们去学习和推崇？原因在于，全球顶尖的企业，由于所处的产业和市场不同，经营策略有很大差别，很难全盘学习或者机械复制，但是这些一流的企业在管理上却有很多相似之处，换句话说，高效益的背后都是由高效率来支撑的，这也是华为中庸哲学的闪光之处，它能够指引那些以卓越为追求目标的企业与之看齐。

一个能够实现动态平衡，能够吸纳中庸哲学，以卓越为终极目标的企业，必定是商业的赢家，从长远来看注定会取得质的飞跃和成长。放眼未来，华为有理由继续成为行业中的领跑者，也具备了世界级企业的软实力，以此为根基，未来自然是一片光明。

旧者不去，卓者不来

"沉舟侧畔千帆过，病树前头万木春。"

新旧更替是事物发展的一般规律，正如人类的新陈代谢一样，促进了生命的成长也推动了生命的衰亡。那么，何为新、何为旧呢？"新"是时间流逝后的必然产物，却又不受时间限制，是一种事物对另一种事物的取代，"新"的产生和演进过程代表的是事物发展的轨迹。无论病树多么可怜地呻吟，都挡不住春天的到来和树苗的生长吐绿。

从白牌手机到自有品牌手机，有一个企业完成了一次重要转型，它的产品推出速度并不惊人，它的产品群也没有多么强大，但是它坚信企业要坚持求变、求新、求更替才能做出真正的精品，这才是企业由弱渐强的内在逻辑。

这个企业就是华为。

无论曾经多么辉煌的企业，似乎都会遭遇衰退的拐点，但仍然有一部分企业历经波谷又能重新走上波峰。客观地看，新老更替正是企业发展的基本规律，也是一种不可违逆的宿命。那么，如何才能延长企业的生命周期呢？

答案只有一个：跟随时代的变化。

在众多国产手机中，华为是为数不多的自主开发硬件的厂商之一，如果你曾经用过华为的 Mate9，应该要知道它的"麒麟芯片960"是华为的自研芯片，是国人的自豪，而在同一时期甚至现在，更多的国产手机厂商依然在使用美国高通的芯片。

为什么国产手机如此选择？正确答案是他们害怕"变化"。因为变化意味着风险降临，变化意味着新旧势力占比要被颠覆，变化意味着某些人或者组织的既得利益遭到损害，于是就出现了一个有趣的死循环：企业不变就会死得快，但变得不好会加速死亡，于是很多企业干脆不变，结果只能等待被新老更替的残酷规律所消灭和淘汰。

换个角度看，这些企业不敢正视新老更替的自然规律，他们妄图通过保守的生存策略延长企业的生命周期，将"变化"所带来的风险降到最低。比如在手机芯片市场，自主研发风险巨大，最稳妥的办法当然是引用国外成熟技术，虽然会在一定程度上增加成本和对上游供应链的依赖性，但短期内的保险系数也得以增加。

然而说到底，这只是一种策略，而不是一种态度，更不是值得夸耀的生存方式。只有以变应变、以新应新，才能引领时代浪潮、永不会被时代所抛弃。

20多年前，当华为还是国内不知名的企业时，任正非就对十几个年轻的研发工程师许诺：要在20年后建立一座研发大楼，要能容纳上万人……在当时恐怕没有几个人会当真，只认为那是激励士气的望梅止渴罢了，然而如今这个"梅子"已经近在眼前，华为在国内外建立了多个研究中心，任正非的设想成为现实，充分践行了华为的理念——颠覆不变，创新永恒。

企业要遵循新老更替的规律，就要从企业最小的单位——人做起。如果将企业看成是一个人，那么每一个员工就是企业的细胞，只有这些细胞充分保持着活性，才能有效地完成新老更替。

华为在人力资源管理上向来以严格闻名，不管是什么样的人才，只要进入华为就必须接受华为的人才管理制度。华为的观点是：当人才被"管"住了，他们才能将全部注意力放在产品研发和技术攻关上，才能保持高效的战斗力。

华为不仅会"管人"，更懂得"招人"。最近几年，国内校招市场竞争越来越激烈，华为审时度势推出了全新的招聘机制，通过举办华为销售精英挑战赛从校园中挑选销售精英，让大学生学习销售知识并锻炼实践能力，这是华为面对时代变化注定要走的一步：如今年轻人已经成为电子消费品的主力，不渗透到年轻人这个富有生命力的群体中，就无法抓取并培养死忠粉，所以华为才大力通过精英挑战赛丰富人才梯队，为企业注入新鲜血液。

企业有了新鲜的血液，才会有新鲜的理念。为了让新鲜的思想和观念在华为传递开来，任正非倡导大家效仿古罗马阐述个人观念的良好作风，让华为成为一个罗马广场，于是有了华为的心声社区，让每一个华为人都能畅所欲言。

求新思变，知易行难，一个企业如果没有胸怀、没有胆略、没有远见，是很难接受新思想的。历数中国古代的变法先驱们，从商鞅到王安石，都在现实压力下遭到了来自旧势力的惩罚。也正因为革新的来之不易，才让华为更加害怕陈旧，所以华为对待那些非主流的技术方案总是非常宽容的，不会一言以蔽之全盘否定，会像任正非所说的那样和新思想的载体——人坐下来畅谈交流，正所谓"一杯咖啡吸收宇宙能量"，目的就是让华为的陈旧观念被全新的理论覆盖，让华为牢牢掌控自身的命门。

要想让企业做到新老更替，必须做对三件事。

第一件事，要有领导层的全力支持。对此，华为的高管们有着深刻和坚定的认识，他们深知变革的重要性，也深知新老更替就是权力和利益的重新分配，很可能会损害领导者的利益，但从长远考虑，正因为变革才能让华为维系强大的竞争力，才能确保华为整体利益不受损害，所以从这个角度看，每个人又都是受益者。任正非曾经亲自致电IBM总裁学习他们的内部管理机制，目的就是让华为从高层到中基层进行变革，只有每个部门的管理者都保持着清醒的头脑和强硬的手腕，才能落实每一次变革所牵涉的各个环节，才能促使华为这个巨大的生命体进行高效的新陈代谢。

第二件事，要有高远的战略视角。从1997年开始，华为每年用于变革的预算基本保持在销售收入的1%—4%，所占比例很大，其中华为请IBM咨询的标准是每小时300—680美元，这对很多中小型企业来说简直就是天文数字，因此有人抱怨花得太多，但是任正非却不这么看，他说："你真傻，你一小时付680美元，人家把30多年的知识教给你，你打个折扣，别人教你3个月的，哪个划算？"

第三件事，要有成功的陪跑者。有一件事是很尴尬的，当你超越众人跑在队伍的最前列时，你就成为一个孤独的领跑者，你不知道前面的路况如何，你只能凭借经验和直觉去探索新路，而一旦遭遇危险注定首当其冲。为了避免陷入"领跑者困境"，华为主张寻找强力的合作伙伴作为"陪跑者"，正如任正非所说：华为要在终端商和世界最优秀的技术相互捆绑。于是，华为和世界知名镜头专家莱卡进行合作，试图建立一种互惠互利的战略合作关系。此外，华为还提出要和全球最强大的音响厂商合作，从而保证华为既能领跑又不至于翻车。

根据现代企业管理的观点，创新是企业变革的核心，变革可能会失败，但不变必定失败。变革就是适者生存，变革也是情势所迫。求新思变是为了激发企业的活力，是让企业学习"踩油门"的技能，而且变革要以保持开放性为前提，企业文化的包容性越高，就越容易适应新老交替。为此，华为不断丰富企业文化，形成了一种东西合璧的特殊文化氛围，能够接纳西方的先验思维，也能融汇东方的传统观念，这种开放性让华为既能和竞争对手保持竞争又能实现共赢，让华为能够从昔日的"落后者"变身为今日的"领跑者"。

专注制胜，聚焦主航道

华为内部曾经转载了一篇文章，名为《日本工匠精神：一生专注做一事》，文中有这样一段话："截至2013年，全球寿命超过200年的企业，日本有3146家，为全球最多，德国有837家，荷兰有222家，法国有196家。为什么长寿企业扎堆在这些国家，是一种偶然吗？它们长寿的秘诀是什么呢？答案就是：他们都在传承着一种精神——工匠精神。"任正非之所以向员工推荐这篇文章，是为了让华为上下都提高对产品的责任心和专注态度。在他看来，虽然机器大生产解放了人们的双手，但人们的思维不能局限在大工厂的流水线上，要将关注点放回到产品本身，要用工匠精神仔细检查每一颗螺丝钉、每一个齿轮。

工匠精神的核心内涵是什么？专注。

日本神户有一个叫作冈野信雄的小工匠，30多年来只做旧书修复这一件事。在别人看来这是非常枯燥无味的事情，可是冈野信雄却乐此不疲，最后掌握了惊人的技能：无论旧书受到多么严重的污损，他都能用灵巧的手将其复原。事实上，日本还有很多类似冈野信雄这样的工匠，他们都专注于某个领域，掌握着不同的高超技艺。

中国有一句俗语叫"多刨坑不如深挖井"，创业同样如此，只有专注才能做到专业化和专门化，才能具有突破产业瓶颈的冲击力，才能比竞争对手掌握更超前的技术。华为的成功，无疑诠释了"专注制胜"这一成功的秘诀。

任正非曾说："水和空气是世界上最温柔的东西，因此人们常常赞美水性、轻风。但大家又都知道，同样是温柔的东西，火箭是空气推动的，火箭燃烧后的高速气体，通过一个叫拉法尔喷管的小孔，扩散出来的气流，产生巨大的推力，可以把人类推向宇宙。像美人一样的水，一旦在高压下从一个小孔中喷出来，就可以用于切割钢板。可见力出一孔，其威力之大。15万人的能量如果在一个单孔里去努力，大家的利益都在这个单孔里去获取。如果华为能坚持'力出一孔，利出一孔'，下一个倒下的就不会是华为。"任正非所说的"力出一孔"正是专注精神产生的强大效能。

华为从诞生之日起只专注于电子信息领域，从来没有给自己留退路。在其他企业大搞产业多元化的同时，华为却深信：只要战略充分聚焦，战略资源充分集中，就能获得成功。时至今日，华为仍然以蓬勃之势发展，反观那些三心二意的企业倒是所剩无几。正如任正非所说："凡是战略，都是专注，凡是执行，都是坚持。"

专注是推动华为快速发展的强大力量。任正非说过一句话："我们是一个商业公司，我们不应该过问政治，因为政治是政治家的政治，不是我们的政治，因为我们不懂政治。"

古语有云："欲多则心散，心散则志衰，志衰则思不达。"从表面上看，专注于一件事并不困难，然而这是对毅力和恒心的巨大考验。唯有锁定目标和前进的方向，积聚全力，才能在通往成功的道路上所向披靡。

既然华为以专注为本，看重战略聚焦，那么很多企业大谈特谈的"分散风险"又该如何看待呢？从业务组合层面看，确实应当分散风险，然而华为却正是在风险中强调稳定，不偏离主要业务，这是对未来市场变化走向的自信假设。事实上，华为目前的战略管理就是将"传输管道"这个主业务不断扩大，比如5G技术、云平台等。

在解决战略聚焦和分散风险二者矛盾的问题上，华为将"专注"二字放在首位，力求在商业和产品开发领域的不变来获得商业成功，但是在产品和新技术研究上要进行适当的分散，即便如此，这种分散也是有底线的，是围绕着主航道展开的。华为聚焦主业务的成功是来自研究和开发以及产业化过程规律的结果。当然，华为并不放弃对企业外部的市场实时观察，不会因为专注于产业而忽略了整个世界，华为会根据市场环境的变化随时调整战略重心，从而更好地在国际化进程中与全球接轨。

华为的专注始于初生的弱小，是所处的严酷生存环境所决定的。任正非说："我们只可能在针尖大的领域里领先美国公司，如果扩展到火柴头或小木棒那么大，就绝不可能实现这种超越。"这句话并非妄自菲薄，华为在初创时期确实是一个"三无"企业：无背景，无资源，无依靠，只有通过自身不懈的努力才能争取商机和市场，而要想提高生存的概率，华为只能专注在一个或者几个领域中的"金字塔尖"上。

任正非认为，企业管理的结构是一个耗散结构，是在平衡和不平衡、稳定和不稳定之间交替完成的，只有保持这种状态才能维持企业的活力。为此，任正非用"糨糊理论"对其进行描述。所谓糨糊，就是将企业凝聚到一起，让十几万的知识型人才汇集到一起，形成向心力，如果糨糊过于黏稠了，就要搅和一下，比如到国外去见见专家和客户，更新思想和认识，充实华为既有的理论基础。归根结底，任正非的这套认知体系是为了企业的稳定与平和，在动态中保持着一种"相对动态"，这才能有助于华为解决主要矛盾和矛盾的主要方面。

时代在变化，知识在更新，认知在演进，华为的专注精神并不是故步自封、拒绝改变，而是在微调企业战略的同时保持专注，而专注是企业突破自我的关键步骤。任正非说过一句话，华为实际上是一群傻子，所谓的傻就是他们专心致志地做一件事。的确，华为在企业发展的过程中经历过无数次的挫折，支撑华为获得今天这种成就的动力离不开专注精神。

华为一直专注通信技术，从来没有触碰过股票、房地产这些行业，哪怕是华为手中有钱且股票和地产行情看好时，华为也还是不偏离主航道。这种专注精神让华为扛住了很多诱惑，没有随波逐流。华为一门心思地将精力和资金投入电信设备领域，或许这个领域的利润率不高，或许这个领域的发展不是很快，然而华为始终坚信自己能够成为这个领域的行家。在专注精神的推动下，华为积累了丰富的通信设备制造技术，因此在挺进智能机市场之后优势明显且后劲十足，如果没有专注精神做积累，没有求稳的耐性做铺垫，注定会消耗华为的研发和持续创新能力。

专注不是一个空泛的概念，它是"稳定为基"思想的细化和具象，体现在企业管理的具体环节中，比如发展计划，它关系到企业未来的命脉，也关系到成本控制、市场占有、客户定位、竞争策略等多方面工作的开展，但是一些企业却无法做到专注，朝令夕改，脑袋一拍敲定一个计划，开始实施之后又发现不适合，于是马上进行调整，导致之前的分析讨论都成为无用功，最后被改得千疮百孔，这种缺失了专注精神的态度会影响企业的营运稳定性。

有人说，中国人具有吃苦耐劳的精神而且头脑聪明，然而这并非决定成功的要素，更不能产生团队作战的向心力，只有在保持专注之心的基础上，才能将智慧充分地作用于一点，才能让分散的个体凝聚在一起。综观欧美、日本等国家的知名企业，它们都是专注于某个领域不断深耕，最终取得了杰出的业绩。

现在国内很多企业喜欢多元化和跨界，在频繁的跑马圈地运动中去争抢更多的地盘，然而华为却专注于一处，朝着产业的纵深方向发展，用任正非的话说就是"一个西瓜切成八块，我只要一块"。正是华为具备了"针尖式生存"的发展观，才能调动最优资源应用于企业长远战略，即便遭遇市场萎缩和竞争加剧等不利因素，依然能够保持充足的后劲。

以智能手机为例，华为先是在德国销售，为沃达丰这样的全球知名品牌做贴牌，但是华为不忘创建自己的品牌，也没有分心到国内市场，等到在欧洲市场站稳脚跟之后才杀回到国内。当时有人认为，华为错过了国产智能手机大发展的有利时机，已经让风靡大江南北的小米抢占了先机，然而事实证明，华为在国内市场并未败给小米，反而凭借在欧洲市场积累的技术和市场经验，在一片红海中为自己争得了生存空间。

企业的转型速度很难跟不上时代变化的速度，除非企业能提早作出准确的判断。因此，盲目地跟风有时候只能将企业推进未知的深渊，只有明确认识自身的优势和短板，选定既定的战略方向不变，才能以不变应万变，聚合专注之力于稳中求胜。

灰色包容了黑与白

据说在上古时代，世界一片昏暗，没有花草万物，只有茫茫一片大海，世界上有3位上古大神，一位是南海之帝，叫倏，另一个叫北海之帝，叫忽，还有一位中央大帝叫作混沌。倏和忽两位大帝和现在人的样子差不多，有一天他们在中央大帝的地盘上遇见混沌，受到了热情的款待，两位大帝这才发现混沌没有五官，于是就说："刚才的款待，你没有嘴不能吃东西，没有眼睛看不到这个世界，没有鼻子嗅不到一丝气息，没有耳朵听不到声音，这样太不方便了。我们给你用东西凿出来七窍，你就和我们一样了。"混沌一听也同意了，于是倏和忽开始了"改造工程"，在第六天的时候，混沌的耳朵、眼睛、鼻子都已经完工了，然而到了第七天，刚为混沌凿出了嘴，却发现他的嘴不断疯长，将倏和忽都吃了进去，而混沌因为开了七窍也无法控制自己，最后被嘴反噬——他自己也被吃掉了。在这个古老的神话传说中，混沌其实代表着灰色，他善恶不明，混沌未开，恰好在中央起到了稳定、平衡的作用，而一旦让他具备了与倏、忽相同的特点，灰色的状态就被打破，世界也就大乱了。

被誉为美国思想巨匠的史蒂芬·柯维曾经提出一个"完人思维"：人从本质上看是四维的统一体——头脑、身体、心灵和灵魂。将这个概念应用在团体和组织上，那么可以证明"组织行为"是不存在的，因为它只是集体化的个人行为。从这个角度看，要想管理好一个企业，需要在四个方面做好准备：企业的战略头脑、企业的组织结构、企业的领导力和企业的文化，其中领导力和文化对应的是心灵和灵魂，将对企业的身体和头脑起到至关重要的决定作用。

华为如今拥有十几万知识分子，他们富有个性，锐意进取，想要用一种简单的观念去管理他们，让他们成为只会执行命令的机器人是不可能的。华为能够将他们聚集在一起，保持着相同的价值观念，依靠的正是一件法宝——灰色哲学。灰色管理的核心内涵是不拿着放大镜去看人，是一种融合了中庸思想的管理理念。

任正非说过："从泥土里爬出来的人是圣人。"因为人一旦被泥土隔绝了尘世，自然就不接地气了，所以"圣人"不懂人间的快乐疾苦，也就无法揣摩到普通人的心思，所以华为是拒绝"圣人"的，华为需要的是既有超越时代的先验性又能紧贴时代的适应性的人才，而这正是灰度哲学的一个思想维度。

任正非多次强调华为不培养和尚和圣人，华为需要的是一支能征惯战的军队、一支能产出经济效益的商业部队，员工只有坚持了华为的核心价值观，即便有其他错误也是可以被包容的，而如果采用非黑即白的二元论去评价某个人的好坏，会让华为变得十分狭隘，也无法有效管理人才。

华为的企业文化体系可谓包容万象，有理性主义，有实用主义，有拿来主义……华为的世界观是什么好用就用什么，而这种态度就是灰色哲学的重要表现。华为将"古为今用，洋为中用"的哲学思想充分运用到企业的文化管理上，在华为看来，文化就是要兼容并包的，就是要吸收百家之长，才能推动华为实现质的飞跃。从本质上看，华为的灰色哲学能够反映出客观世界的真实影像。因为灰色既不是黑色也不是白色，却又兼容了黑色和白色，同理，灰色也不预示着正确或者错误，也没有善恶好坏之分，是一种巧妙的融合。

任正非在《管理的灰度》一文中讲道："一个企业的清晰方向，是在混沌中产生的，是从灰色中脱颖而出的，方向是随时间与空间而变的，它常常又会变得不清晰。合理地掌握合适的灰度，是使各种影响发展的要素。"任正非认为，企业追求的方向源自灰度，作为领导人需要掌握企业的发展节奏和终极目标，这就从客观上要求管理者要保持灰度，用妥协的心态和宽容的心态去分析和解决问题。

华为以灰度为旗帜，不走极端，因此变得更有生命力和柔韧性。正如任正非所说："在变革中，任何黑的、白的观点都是容易鼓动人心的，而我们恰恰不需要黑的，或白的，我们需要的是灰色的观点，在黑白之间寻求平衡。"

华为的灰色哲学包含了两个层面：一个层面是在战略和战术上保持灰度，意味着华为要时刻保持灵活性，不能被某些非原则性问题束缚；另一个层面是在用人策略上要讲究灰度，要用全面和动态的角度去评判一个人的价值，这样才能发挥他们身上潜藏的能力。从这个角度看，华为的成功得益于灰色哲学思维的构建，它不仅是一种世界观，更是一种符合辩证思维的方法论。

2010 年 12 月，任正非给欧洲某大客户的高管们上课，题目叫作"以客户为中心，以奋斗者为本，长期坚持艰苦奋斗"。当时，任正非说了这样一段话："这就是华为超越竞争对手的全部秘密，这就是华为由胜利走向更大胜利的'三个根本保障'。"这三个根本保障包含了以客户为中心、以奋斗者为本以及长期坚持艰苦奋斗，这三者被视作华为的"铁三角"辩证思维，它们之间既有联系又能够相互支撑，因此形成了一种强大的拉力、推力和动力，构成了一种相对稳定的有机结合态势。

企业的成功不单纯是市场布局、商业策略的成功，更是管理哲学的成功，这和领导者的思维方式有着不可分割的联系。灰度哲学是华为的制胜宝典，是华为管理思想和实践行动的根本大法，也是任正非和华为的经营哲学、管理理念的本质。

任正非说："合理地掌握合适的灰度，是使各种影响发展的因素，在一段时间内的和谐，这种和谐的过程叫妥协，这种和谐的结果叫灰度。"由此可见，灰度是事物未来发展和变化的预期目标和执行过程，它能够在多元化的空间中诞生，因此有时候会显得非白即黑，却保持着始终如一的方向，但在朝着方向演进的过程中并非是一条直线，也可能是一条曲线，也可能是一个圆圈，总之，只要符合了基本规律它可以是任何形态。如果一个企业要想在长期发展中保持稳定，就势必要追求一种灰度的状态，它能够规避组织体系的崩溃。

当然，灰色哲学并非万能的，也是有着具体的针对目标。经过30年的探索和实践，华为越来越意识到灰色哲学在经营和管理方面的重要战略意义，但也深刻地明白，一旦灰色哲学被滥用，超出了它所能掌控的范围只能适得其反。

企业要想做到尽善尽美，就要按照人的思维方式去理解企业，企业需要有一个理性的"大脑"，这样才能制定出科学合理的战略方向和企业愿景，同时企业也应当有一个强健的"体魄"，这样才能规划好组织架构，才能运用好人力资源。企业也需要有"灵魂"，构建企业文化和企业核心价值观，这样才能有利于在发展的道路上不走弯路和死胡同，而灰色哲学恰好是解决上述问题的方法论。

华为依靠着灰色哲学作为指导思想，提出了一条激励原则：给予员工一定的利益但不能让他们享受太充分的利益，更不能将他们转化为利益的完全既得者，这样才能保证他们不会放弃斗志，又不至于脱离华为这个团队。灰色哲学就是一个巨大的能量场，华为可以通过它不设限制地进行"开放和聚集",让最有价值的思想观念都能百家争鸣,让华为卓尔不群。因此,华为依靠着灰色哲学构建了相对的管理逻辑,在人才的使用上能够不拘一格,核心目的只有一个:激活他们的能量场。

现在美国的一些创新型企业也喜欢运用灰色哲学,在成立一个研究课题之后,组成不同的任务小组,互不干扰,在封闭的状态中研究到底,最后拿出独一无二的研究成果,这时小组之间再进行头脑风暴。任正非十分欣赏这种工作方法,他认为这样能够避开重大问题的讨论,而将全部精力作用于一个节点上。因为每个人才都是各有所长,不能认为谁的方法论更高明,所以最好的方式就是不断地融合,在彼此思想碰撞的基础上加深对问题的探究。

华为推出"以奋斗者为本"的口号,强调不能用资本去束缚企业发展,只要你离开了华为就必须放弃一部分权利,比如股权。也正是出于这种顾虑,华为才一直迟迟不肯上市,因为在华为看来,公司上市之日就是全员斗志锐减之时。华为的"灰色"给了华为"春色",所有违背灰色哲学的政策,都可能将华为拉入一条不归路上。

经商的大忌是过于追求完美,这会让企业走向教条主义和"一元论",那些能够在残酷竞争中生存下来的企业,都是喜欢修修补补、东拼西凑的实用主义者,他们不会轻言颠覆,更不会盲目创新,他们更喜欢一步一个脚印地改良,抵制全盘否定的革命,因为那会给企业造成严重的破坏性。从这个意义上看,灰色哲学是最有现实意义的企业生存哲学。

开放心态才是王者心态

中国是一个拥有五千年文明历史的国家，然而步入近代之后逐渐被西方文明赶超，究其根本是不够开放，故步自封的封建整体隔绝了我们对外界的了解，小农意识的狭隘观念限制了我们探索的脚步。2013 年，任正非在英国伦敦接受外国记者采访时，反复强调了一个词——开放。任正非说：无论对于个人，对于华为，乃至对于中国、美国的看法，任正非都认为开放是促进进步的力量……华为之所以能进步到今天，与华为本身的开放有关。

一个企业只有保持高度的开放性，才能达到"海纳百川"的境界，从价值观念层面接受市场环境的变化，与消费者的产品和服务需求产生深度的契合。20 世纪 80 年代，中国正式进入改革开放时代，国人开始意识到国与国之间不再是一个封闭的独立系统，而是在全球范围内实现了产业分工，这对劳动密集型的中国而言也意味着机遇的到来。相对地，很多欧美国家也瞄准了拥有 10 多亿人口的中国。由此，中国的经济步入飞速发展的时代。

如今，人类社会再次面对全新的时代转折，不过这次转折和过去不同，是一次不以计算机为核心技术的革命，而是一场冲击全球的信息化浪潮，在这个进化的过程中，互联网起到了推波助澜的作用，也从侧面证明了这一场经济变革将以人类的交互模式、商品和资本等形式作为突变的切入点。换言之，世界正在走向"扁平化"，不同国家和地区的人都有机会参与这次全球化，因此，谁的开放性更强，谁就越能跟上变革的脚步。

华为的开放性是由内向外的，华为的很多内部决策都会放在互联网上，不仅华为的员工可以看到，全社会都能看到，甚至有人会对一些决策进行批评，对此华为保持着接纳的态度，如果发现决策确实有误就会及时纠正。西方的很多国家都使用华为的设备，随着时间的推移，中国与世界的融合程度会更高，而华为在国际市场的战略纵深也会得到加强，会有越来越多的国家接受华为而非排斥。

华为始终保持着高度的开放性，这让华为更充分地融入全球化的进程中，和一些国内厂商相比，华为更能坦然接受来自国际市场的挑战，而应对挑战的制胜法宝就是能否用开放性去吸取国外先进技术，使其为己所用。

开放性包含着学习、合作和竞争，只有保持着开放的心态和模式才能更游刃有余地参与国际化进程。华为的软件如果不开放，就不会带来附加价值，也不会有大的收益，更无法将研发出来的核心技术实现最大化。为此，华为经常让一些部门负责人、技术专家多参加国际会议，和别人进行思想交流，从中产生智慧的火花，最终转化为华为自身的生产力。

2016年5月，任正非和一些董事召开了座谈会，谈到了有关华为未来的战略发展问题。关于华为的定位，任正非表示华为要做一个管道操作系统，下面操作管道，上面中间平台是网络集成，对上还有能力开放，把所有内容接进来，实现管道的三点衔接。任正非认为当今社会正处于一个转折时期，未来二三十年之内很可能会变成智能社会，而智能社会就是信息大爆炸的开放时代，华为不能再像以前那样只瞄准一个方向，要从多条路径出发。任正非说，今天华为从本质上看依然是工程商人，即使在创新这个层面也是工程领域的创新，并非技术理论领域的创新。

作为ICT综合解决方案提供商，华为全力构建"平台＋生态"的战略，因为随着行业细分领域的不断扩大，一个企业纵然实力再强也无法满足所有客户的需求，但是通过"平台＋生态"战略就能完成这一目标。正是看到了时代和产业的变化，华为才以共享理念为依托，以"平台"和"生态"进行双轮驱动，联合产业链的合作伙伴，打造开放性的战略平台。

21世纪诞生了一项新的技术——VR。VR是打破次元壁的一项高体验技术，它超越了3D技术成为最能贴近人类感官享受的技术飞跃，但凡保持着开放心态的企业，都在琢磨如何将VR技术转化为新的利润增长点，华为也不例外。不过，任正非对VR保持着清醒的认识：VR需要低时延，而华为现在还达不到最佳指标，所以不能投入过多的资金，只有首先认清VR产业的发展规律，以足够的耐心观望才是理性的开放心态。

21世纪的另一个重大变革就是工业4.0，"工业4.0"是由德国在《德国2020高技术战略》中提出的10个未来项目之一，由德国联邦教育局等部门联合资助，预计投资达到2亿欧元。用来提高制造业的智能化水平，从而增强其适应性、资源效率以及基因工程学的智慧工厂。工业4.0是指借用物联信息系统生产中的供应、制造、销售信息进行数据化和智慧化，从而实现高速、高效、个人化的产品供应。

虽然这个概念源自欧洲，但对保持开放性的华为来说，这将是一场影响世界的变革。因此华为对未来二三十年的战略布局进行了预估：工业4.0计划已经成为国家级的战略并得到了德国相关科研机构和产业界的一致认可，这是一种自下而上的新型工业模式，华为将以开放的心态面对。为此，华为作了一篇名为《创新ICT使能新工业革命》的主题演讲，其中这样描述道："工业4.0需要一个全新的ICT基础架构，其基础是智能的全连接工业互联网。华为携 20 多年来在通信和信息领域累积的技术优势，本着开放创新、合作共赢的精神，推动生态圈的建设，将会是第四次工业革命的主要贡献者之一。"

经过 30 年的努力，华为已经为世界 30% 的人口提供连接服务，客户遍及世界 170 多个国家，已经达到了专业级的信息连接，所以华为会致力于推动工业 4.0 的发展，以技术开放、观念开放、信息开放为基础，打造一个基于开放标准的智能工业网络。

世界不是封闭的，只有能接纳信息的流动性才有机会在下一次变革中成为领军者。在华为看来，未来世界将是一个全面连接的世界，工业 4.0 会深度作用于人们的日常工作和生活，所以华为提出了"创新 ICT，共建全连接世界"的口号，携手更多友商，依靠创新信息和通信技术建立全连接的新时代。

从概念上看，工业 4.0 势必要超越国家和地区的限制，单靠一个企业甚至一个产业是无法完成的，所以华为要用开放的心态连接其他友商打破这种壁垒。为此，华为制定了"BDII 战略"（Business-Driven ICT Infrastructure，是指业务驱动的 ICT 基础设施），将在未来借助集成 ICT 技术，完成和工业 4.0 有关的程序开发工作。

工业 4.0 从根本上是为了提高行业效率和竞争力，如同人类之前经历的工业革命一样，它是以 ICT 技术为体现的新型工业发展模式。随着工业 4.0 的推进，会慢慢地将全球顶尖的 IT 和 CT 技术用于制造的关键领域。

《孙子兵法》中有这样一句话："凡战者，以正合，以奇胜。"这里说的"正"和"奇"其实指的就是我们所说的"常规"和"非常规"，"正"就是指正面作战、常规作战、大规模消耗战；"奇"就是指迂回作战、机动作战。无论是战场还是商场，想要攻无不克、战无不胜，只能以正兵当敌，以奇兵取胜。换个角度看，"奇"代表着对封闭、传统、落后的状态的一种颠覆，只有具备了开放的属性才能将"奇"演绎得淋漓尽致。

企业能够以"正"为基础，就是保持自我和独立，而能够以"奇"为武器，就是保持着创新思维和开放心态，才能在时代发生变革时不被淘汰出局。华为正是时刻保持一种开放的心态，努力拓展思维领域，才能勇于打破常规，不被定势思维限制，出奇制胜。

执着决定命运

1887 年 8 月 23 日，英国议会通过了一条商标法条款：一切从德国进口的产品必须标注 "Made in Germany"，这是为了将德国货和英国货区分开来，因为当时德国人造出了不少质量低劣的产品，无法和大英帝国的工艺相媲美。商标法颁布后，德国人将 8 月 23 日视作"德国制造"的诞生日，将这种民族耻辱当成奋发向上的动力。于是，德国人以执着的精神去追求产品的质量，大到飞机，小到床头摆件，经过 100 多年的磨砺，德国人终于在世界上形成了"精益求精、严谨务实"的正面标签。比如闻名世界的奔驰汽车，看似简单的外形下面隐藏的是高精尖的零件组合，不用说工程师的设计水准如何，仅仅是普通的维修保养技师，都需要经过 100 个小时的在线培训和 1000 个小时的面授课程，另外还需要 5 年以上的维修经验。正是这种对产品制造的执着，才成就了堪称艺术品的奔驰汽车。

国外有人提出过一个说法叫"一万小时天才"，意思是哪怕是资质平庸之辈，只要拿出 1 万个小时努力就能从平凡变为超凡，而这种努力离不开执着精神。

网上流传这样一个故事，华为的两个女职员在电梯里抱怨公司财务制度的一点小问题，聊着聊着注意到电梯里还有一个面目慈祥的长者，但并没有引起她们注意。然而第二天，她们被告知抱怨的问题已经解决了，当她们问对方原因时，对方竟然说是任正非亲自打来电话说的。据说，有记者曾经就这个故事的真实性采访过华为的一些员工，他们表示基本可信，因为任正非就是这样一个人。

这就是作为企业家、团队领袖的一种必备素质——执着。

英特尔公司前CEO安迪·葛洛夫说过："偏执狂才能生存。"这是一句广泛流传商界的名言，也是华为的生存要诀之一。借用一位华为员工的话说，任正非对管理的天才领悟来自他对人性的深刻洞察，在他面前你会认为自己完全没必要去隐瞒什么，因为那都是无用的。

在《华为基本法》的开篇就对企业核心价值观做了描述："为了使华为成为世界一流的设备供应商，我们将永不进入信息服务业。通过无依赖的市场压力传递，使内部机制永远处于激活状态。"从字里行间不难看出任正非和华为的性格特征——执着。

任正非曾经做过一篇名为《企业不能穿上红舞鞋》的演讲，其中穿插了一个故事。

有一双十分漂亮的红舞鞋，只要穿上它就能轻盈地跳舞，所以很多女孩都喜欢它，却没有人真的敢把它穿在脚上，因为大家都知道这双鞋具有非凡的法力，一旦穿上就会永无止境地跳舞，直到耗尽舞者的全部体力。然而，还是有一个年轻的姑娘抵挡不住红舞鞋的魔力，不听家人的劝告偷偷将它穿在了脚上，果然她的舞姿变得更加灵动奔放，浑身上下充满了热情与活力，她穿着红舞鞋走过街头巷尾，人见人爱。跳了一天之后，姑娘感到十分疲惫，却无法停下舞步，以至于狂风暴雨来临她也无法躲避，只能顶着大雨和狂风继续跳舞。最后，当太阳升起之后，人们在草地上发现了气绝身亡的姑娘，旁边就是那双具有魔力的红舞鞋。

任正非认为"红舞鞋"虽然很诱人，然而企业一旦穿上它就再也脱不掉，只能在它的带动下不断地跳舞直到死亡。从另一个角度看，华为能够抵御诱惑的前提在于执着于自己的追求，没有这种坚定的信念，有几个人能抵挡住高额利润的诱惑呢？

众所周知，电信是一个竞争激烈的行业，全球很多电信公司或者艰难地生存或者华丽的死亡，极少有过得安逸的。没有任何背景和基础的华为更是如此，为了生存必须直面前路的凶险。因此任正非才放出豪言壮语："处在民族通信工业生死存亡的关头，我们要竭尽全力，在公平竞争中自下而上发展，决不后退、低头。"正是心中充满了这种信念，才让任正非的管理显得有些强硬而执着。在他的带动下，华为的企业"血液"中也注入了执着的基因。

在任正非看来，华为只有保持技术优势才能在行业中生存，所以必须给自己不断加压，通过不间断地、大规模地集中有限力量打歼灭战才能确保华为的地盘不丢。

华为的执着不仅体现在企业战略上，更深入地渗透到产品设计中。比如华为的M3平板电脑，在京东商城的好评率高达98%，它的市场表现也充分证明了其受欢迎的程度。在2017年第一季度中，全世界平板电脑增量放缓的前提下，华为的平板电脑市场占有率竟然同比增长2.3%，出货量达到了270万台，这简直就是一次逆势而为的突破。

为何M3平板电脑能够获得如此高的销售业绩呢？这是因为华为执着于产品的内涵设计，为了赢得女性用户的追求，华为只做高端平板电脑，而且要在产品功能、使用体验、艺术观感等方面做到极致，这才是对执着精神的具体实践，正如华为的产品团队所说："那就做到极致，做别人比不过的产品。"

对产品的设计是执迷用户体验的实施手段，而对产品功能的探索是执迷细分市场的实施成果。华为虽然进入 PC 市场较晚，但是能够在产品中聚焦用户娱乐化的场景，通过系列化为用户提供了体验和操作俱佳的产品，用执着的开拓精神打开了一条通道。

华为不仅以执着的视角去设计产品，还将"执着地追求完美"这句话当成了青葱手机的宣传标语。这款手机采用全金属设计，具有指纹识别功能，首批 5 万部手机很快售罄，在市场上引起了广泛的关注度。

最能体现华为执着理念的莫过于 P7 手机，它从 ID 设计原型到最终方案的优化，整个过程异常的不顺利，因为华为将 P 系列定位是"极致时尚"，所以绝不能在任何一个细节上出现问题，否则就是自打其脸。历经长达 5 个月的反复推敲和细节优化，P7 的 ID 设计（工业设计）才正式完成，手机的背面材质为玻璃，意在展现玻璃的和谐与钟表的精密。为了让设计效果达到最佳，P7 的 ID 设计会事先制作很多模型，将屏幕、电池、摄像头等零部件全都放置在手机模具中，然后再做模型，一旦觉得不满意就可能彻底推翻。仅材料采样这个环节，设计团队就耗费了 3 个月的时间，尝试过不同的材质，同时要验证光哑、喷砂等不同效果，总共做了 40 多个样品，直到整机完成。甚至在 P7 上市前的一周，华为消费者业务 CEO 余承东还经常掏出手表对比手机模型的光泽度，从中发现差距。

华为的执着精神催生出了"完美主义"，据说华为 ID 部门的设计师被要求用肉眼识别 0.03 毫米的设计误差，虽然在用户眼中这样的差别简直无法看出，但华为仍然坚持严苛的要求。华为的 P7 设计过程中，每个细节的优化都以 0.05 毫米为单位进行微调。正是这种对产品设计的吹毛求疵，带给用户毫不夸张的极致体验。

据说，在华为手机检测实验室里，每天都有超过 1000 台手机全天候地进行稳定性的测试，另外还发展了 1000 个手机测试用户，只要手机出现异常问题就会记录下来，而华为目前认定的合格标准是 0.0014，也就是 1 万个小时之内产品最多只能发生 14 次异常。

在中国的《考工记》中有这样一句话："百工之事，皆圣人之作也。"能把金属锤炼成锋利的刀具，能把黏土烧制成精美的器皿，能把木头做成结实的马车，这都是追求极致的结果，而这种精神包含两个部分：一个是对产品的各个制作环节都有精心打磨和加工的热情，另一个是要具备持之以恒的耐性和韧性。中国还有一句古语："人心惟危，道心惟微；惟精惟一，允执厥中。"意思是从细小之处能够看到用心所在，这不仅是一种技巧，更是一种执着的追求和操守。

华为是执着的，任正非也是执着的，执着在某种程度上变身为一种企业文化渗透到华为的上上下下。据说有一年，华为的销售员去拜访边疆某地电信局领导，在交谈的过程中，对方无意中提道：10 多年前华为有人来过这里，那个人背着军绿色的旧书包，开门之后就问他们买不买交换机。华为的销售员回到总部说了这件事，结果一位上了年纪的老员工说，那个背旧书包的人很可能就是任正非。

这个故事的真实性虽然没有被确认过，但在任正非率领下的华为，在创业之初正是凭借着这种执着的劲头才一步步打开市场的。任正非在1987 年转业后，境遇不佳，于是选择了创业，而他当时并不知道通信产业的竞争对手十分强大，而且市场规则很多，弱小的华为完全没有优势。而在同一时期，中国诞生了 400 多家通信企业，竞争的激烈程度可想而知，然而华为却没有放弃，从代理销售转为自主研发，这都得益于执着精神不断传输动力。

任正非给华为灌输过一种价值观："胜则举杯相庆，败则拼死相救。"透过这句话不难发现，华为"以死相拼"的信念正是依靠强大的执着精神来推动的。对企业而言，能够让自己的产品和服务在细小之处看到其用心所在，就是一种追求极致的真实写照。然而在当今这个快节奏时代，能够沉下心雕琢细节并不容易，很多人都抱着敷衍了事的心态，看似一种精明的实用主义，其实是一种对生活、对生命的敷衍和不屑。从这个角度看，华为正是以执着自立于世，不断追求卓越，从蹒跚学步的幼儿进化为领军行业的王者。